제도가 경제발전에 미치는 영향

제도가 경제발전에 미치는 영향

초판1쇄 인쇄 2026년 1월 26일
초판1쇄 발행 2026년 1월 30일

지은이 맨서 올슨
옮긴이 이성규
발행인 노현철
발행처 도서출판 해남

출판등록 1995. 5. 10 제 1-1885호
주　　소 서울특별시 마포구 마포대로8길 9 영명빌딩 405호
전　　화 739-4822
팩　　스 720-4823
이 메 일 haenamin30@naver.com
홈페이지 www.hpub.co.kr

ISBN 978-89-6238-216-7 93320

제도가 경제발전에 미치는 영향

맨서 올슨 지음 | 이성규 옮김

The impact of institutions on economic development

올슨의 실사 및 역사 구시적 통찰을 바탕으로
경제발전의 두하우(dohow)를 알려주는
노하우(knowhow) 제시

해남

*
*

역자 서문

맨서 올슨[1]은 1996년에 쓴 탁월한 논문[2]에서 "빈곤한 국가들은 '제도적 미비와 취약성'으로 인해 매우 '비효율적인 경제 구조'—올슨은 이를 비유적으로 "길거리에 떨어져 있는 고액의 지폐"(big bills left on the sidewalk)라고 표현하였음—를 가지고 있다"라고 주장하였다. 빈곤한 국가들은 '열악한 제도와 경제정책'으로 인해 이용 가능한 물적 자본과 인적 자본, 기술 등을 효과적으로 활용하지 '못하기' 때문이다. 유명한 사례로 빈곤국인 아이티(Haiti)에서 부유한 미국으로 이주한 어떤 이민자는 미국 도착 즉시 '생산성이 급격히 향상'된다. 이는 그의 인적 자본이나 잠재력이 열악한 제도를 가진 모국(母國)에서 충분히 활용되지 않았음을 의미한다. 개발도상국들에서 물적 자본에

1 (1996년 당시) 맨서 올슨(Mancur Olson, Jr.)은 미국 메릴랜드 대학교(University of Maryland)의 경제학 석좌교수이자 「제도개혁 및 비공식부문 연구센터」(Center for Institutional Reform and the Informal Sector, IRIS)의 설립자 겸 연구 책임자이다.

2 Olson, Mancur, "Big Bills Left on the Sidewalk: Why Some Nations are Rich, and Others Poor," *Journal of Economic Perspectives*, Spring 1996, Vol. 10, No. 2, pp. 3~24.

대한 투자 수익률은 자본의 희소성 때문에 높지만, 실제로 그러한 투자가 이루어지지 않는다! 그 주된 이유는 빈곤한 국가들의 열악한 사회적 제도가 성장을 방해하기 때문이다. 이는 일부 저소득 국가들이 일정 기간 매우 빠르게 성장한다는 사실과 잘 부합한다. 즉, '좋은' 사회적 제도를 가진 일부 빈곤한 국가들은 일정 기간 동안 매우 가파른 성장세를 보여 준다. 왜 그런가? 일부 빈곤한 국가들은 좋은 제도를 통해 부유한 국가들을 빠르게 따라잡는 '추격 스퍼트'(catch-up spurt)를 할 수 있기 때문이다. 그러나 대부분의 빈곤한 국가들은 나쁜 제도로 인해 '추격 성장'의 기회를 얻지 못한다. 올슨의 이러한 주장은 실제 세계에서 일어나는 사실(즉, 실사구시)과 잘 부합한다.

경제성장 과정이 모든 국가에서 항상 동일하지 않고, 결과 역시 매우 불확실하다는 사실은 경제학자들이 정책 조언을 하는 데 어려움을 주는 요인이 된다. 경제성장은 "어떤 사회(국가)에서 그 사회(국가)가 현재의 제도들과 보유하고 있는 인적 자원 및 기타 자원의 부존량을 통해 자원을 축적하고 결합하는 '집단적 능력'(collective capacity)에 달려 있다"라는 점은 자명한 사실이다.

다음은 이 책의 내용을 바탕으로 역자가 '올슨의 실사 및 역사 구시적 성장이론'을 요약한 것이다.

■ **올슨의 실사 및 역사 구시적 성장이론**

(1) 가장 빠르게 성장하는 국가들(즉, 성장률이 가장 높은 국가들)은 결코 1인당 소득이 가장 높은 국가들이 아니라 항상 '일부 저소득 국가들'이다!

(2) '모든' 저소득 국가들이 고소득 국가들보다 더 빠르게 성장하지 못하지만, '일부' 저소득 국가들은 '어떤' 고소득 국가보다 훨씬 더 빠르게 성장한다.

(3) 실제로 '낮은 1인당 소득'과 '더 급속한 성장률' 사이에 반드시 양(+)의 연관성이 존재하는 것은 아니었다! 즉, 1인당 소득이 낮은 빈곤한 국가들이 반드시 더 빠르게 성장하는 것은 아니었다.

(4) 실제로 '더 나은(양질의) 경제정책과 제도'를 채택한 '일부 저소득 국가들'에서 가장 높은 성장률을 보여 주었다.

(5) 1970년대와 1980년대에 가장 빠르게 성장하였던 주요 국가들(즉, 보츠와나, 몰타, 싱가포르, 한국, 중국, 태국)이 당시에 모두 저소득 국가들이었다!

고(故) 맨서 올슨은 위대한 정치경제학자지만, 그에 대한 이해가 충분하지 못한 사상가 가운데 한 사람이라고 생각된다. 올슨의 영향력은 그의 '사상의 범위'에 의해 확대되어 왔다. 올슨의 생각은 경제학, 정치학, 역사학, 사회학 등에 걸쳐 큰 영향력을 미쳤으며, 특히 집단행동학, 국가의 흥망성쇠학, 경제번영학에 대체 불가능한 기

국가의 부와 빈곤에서 제도(制度)의 압도적 중요성

	부유국	빈곤국
개인의 행동	합리적(이기적)으로 행동함. ⇒ 길가에 떨어진 지폐를 주울 수 있음. ⇒ No big bills left on the sidewalk.	합리적(이기적)으로 행동함. ⇒ 길가에 떨어진 지폐를 주울 수 있음. ⇒ No big bills left on the sidewalk.
사회적 행동	'좋은' 제도나 정책으로 효율적 생산량에 도달 '가능'함. ⇒ '**No**' big bills left on the sidewalk. ⇒ 그 결과 '부유'함.	'나쁜' 제도나 정책으로 효율적 생산량에 도달 '불가능'함. ⇒ '**Yes**' big bills left on the sidewalk. ⇒ 그 결과 '빈곤'함.

여를 하였다고 평가된다. 오늘날 우리는 그 어느 때보다 '맨서 올슨의 지혜'를 필요로 한다. 요사이 우리나라에서 '초역'(超譯)이 유행이다. 부처, 예수, 공자 등 위대한 사상가에 대한 초역이 대표적이다. 초역은 원문을 문자적으로 번역하는 것이 아닌 말이나 문장이 생겨난 이야기의 '맥락'(脈絡)과 정치·경제·역사·문화적 맥락을 감안하여 번역하는 것으로 이해된다. 올슨의 심오하고 원대한 사상 또한 초역의 적합한 대상이 될 수 있을 것이다. 나는 요사이 올슨 사상에 대한 연구에 더욱 정진하여 "초역 맨서 올슨의 생각"을 써 보고자 하는 열정으로 가슴 벅차다.

최근 김학철(연세대) 교수는 중앙일보와의 인터뷰에서 "타임머신을 타고 과거로 갈 수 있다면 예수를 만나고 싶다. 어눌한 그리스어로 그와 대화를 하거나, 아니면 그의 눈이라도 마주치고 싶다. 그 속에 깃든 신성(神性)을 보고 싶다"고 하였다. 나도 똑같은 심정이다. 타임머신을 타고 과거로 돌아가 맨서 올슨을 만나 '집단행동학, 국가의 흥망성쇠학, 경제번영학'에 대해 이야기하고 싶다.

마지막으로, 팔순의 연세에도 놀라운 통찰력으로 열정적이고 지속적인 연구를 하시고 계신 좌승희 한국제도경제학회 이사장님, 예리한 생각과 관찰력으로 우리나라의 정치경제 문제를 창의적으로 탐구하시는 이상학(국민대) 명예교수님, 늘 격려와 배려를 아끼지 않는 정성호(한국재정정보원) 박사님, 이강구(KDI) 박사님, 송덕진 박사님께 깊이 감사를 드린다. 또한, 나날이 어려워져 가는 출판 환경에서도 '출판보국'(出版報國)의 정신으로 본서의 출간을 기꺼이 허락해 주신 도서출판 해남 노현철 사장님께 무한한 감사를 드리며, 교정 과정에서 정성을 다해 최고의 교정 능력을 발휘해 주신 노혜진 대리님께도 깊은 감사를 드린다.

2025년 12월 5일

「맨서 올슨 연구소」 소장 이성규 씀

*
*

차례

제도가 경제발전에 미치는 영향

The impact of institutions on economic development

1. 서론

먼저, 매우 흥미로운 '비유'[3](metaphor) 하나를 소개하고자 한다. 이 비유는 (1) 복잡하고 이질적으로 보이는 많은 논문의 이면에 숨겨진 아이디어—예를 들면, 효율적 시장 가설—를 설명하는 데 유용할 뿐만 아니라 (2) (이 책에서 설명하려는 주제로서) '왜 많은 국가가 여전히 빈곤하지만, 다른 국가들은 부유해졌는지'를 설명하는 데에도 유용하다. 이 비유는 잘 알려진 "효율적 시장 가설"[4](efficient markets hypothesis)에 대한 논쟁에서 비롯되었다. 주지하듯이 효율적 시장 가설은 시장에서 공개적으로 이용 가능한 모든 관련 정보들이 기존의 주식시장 가격(즉, 주가(株價))에 잘 반영되어 있어서, 어떤 투자자는 전문가의 판단에 따라 투자하는 것만큼이나 '자신이 무작위로(임의로) 선택한 주식들에 투자함'으로써 시장에서 좋은 성과(수익)를 거둘 수 있다는 것을 의미한다. 그렇다면 이 비유는 무엇인가? 이 비유는

3 [역주] 비유(比喻)란 어떤 현상이나 사물을 직접 설명하지 않고 그와 비슷한 다른 현상이나 사물을 빌려 표현하는 일을 말한다. 예를 들면, 비둘기는 흔히 평화의 상징으로 비유된다.

4 [역주] 효율적 시장 가설(假說)이란 자본시장의 가격이 이용 가능한 정보를 충분히 즉각적으로 반영하고 있다는 가설이다. 즉, 어떤 투자자라도 이용 가능한 정보를 기초로 한 거래에 의해 초과 수익을 얻을 수 없다는 것이다. 이는 '시장이 효율적이므로 자신이 가진 정보는 이미 주가에 반영되었고, 따라서 투자자의 예측에 영향을 준 정보로 인한 가격 변화는 또다시 발생하지 않을 것이다'라는 논리에 기반한다. 따라서 상품에 대해 얻을 수 있는 모든 정보가 빠르게 가격에 반영되는 효율적 시장에서는 합리성을 가진 투자자들이 이를 고려하여 움직이며, 결국 장기적으로 시장 평균 이상의 수익을 얻는 것이 불가능하다는 가설이다. 미국의 경제학자인 유진 파마(Eugene Francis Fama)가 주장하였다.

우리가 익히 잘 알고 있는 다음과 같은 옛 농담(弄談) 속에 들어있다. 즉, 어느 날 미국 대학 교정에서 어떤 젊은 조교수가 나이 든 정교수와 함께 길을 걷다가 길가(보도)에 떨어져 있는 100달러 지폐를 발견하고, 손을 뻗어 그 돈을 주우려는 찰나 나이 든 정교수가 "잠깐, 내 말을 들어보게!"라고 하면서 그를 제지하였다. 노교수가 말하기를

> "만약 이 100달러 지폐가 진짜였다면 다른 누군가가 이미 이 지폐를 주워 갔을 것이네. 아직도 길 위에 떨어져 있는 것으로 보아 이 돈은 틀림없이 진짜가 아닐 것이네!"[5]

이 이야기는 "시장 참여자들의 최적화(optimization) 행위가 일반적으로 시장에서 '초(超)정상 수익'(supranormal returns)을 얻을 수 있는 기회를 없애 버린다"고 주장하는 수많은 경제학 논문들을 집약적으로 보여 준다. 이는 시장 참여자들의 최적화 행위의 결과로 일반적으로 시장에는 초정상 수익을 얻을 수 있는 기회가 더 이상 남아 있지 않음을 의미한다. 다시 말하면, 초정상 수익과 같은 '고액의 지폐들'(big bills)이 보도에 떨어져 있는 경우는 흔치 않으며, 설령 떨어져 있다고 해도 누군가가 그 지폐를 재빨리 주워갈 것이다.

지난 25년간 경제학 분야에서 많은 발전이 이루어져 왔으며, 그

5 [역주] If the $100 bill were real, the bill would have been picked up already by somebody.

러한 발전은 시장 참가자들의 합리적 행위로 '그들이 시장에서 얻을 수 있는 이익이 있다면 그 이익은 실제로 모두 획득된다'([역주] 즉, 고액의 지폐들이 길가에 떨어져 있지 않다)라는 생각에 기반을 두고 있다. 반면에 케인즈주의 거시경제학의 초기 이론은 "정부의 적극적 재정 및 금융(통화) 정책을 통해 '막대한 이익'([역주] 즉, 고액의 지폐들)을 얻을 수 있다"고 약속하였다. 그러나 지난 25년간 신고전학파에 기반을 둔 거시경제학은 '개인의 합리적인 행동(rational behavior)'이 정부가 적극적인 정책을 통해 해결하려고 하였던 문제들을 '제거하는 역할'([역주] 즉, 고액의 지폐들이 길가에 떨어져 있지 않다)을 한다고 자주 주장해 왔다. 즉, 개인의 합리적인 행동의 결과로 정부의 적극적인 정책이 '불필요'하게 되거나 '무력화'된다고 주장해 왔다. 이를 위해 다음과 같이 몇 가지 예를 들어보기로 한다.

우선, 노동시장에서의 경우를 살펴보자. 노동시장에서 불균형적인 임금(disequilibrium wage; 예를 들면, 균형 임금 수준보다 더 높은 경우)으로 인해 '비자발적 실업'(involuntary employment; 노동의 초과공급)이 발생한다면, 이는 실업에 직면한 노동자들이 잠재적 고용주들에게 이전보다 더 낮은 가치를 갖는 자신의 노동력을 싸게(즉, 더 낮은 임금으로) 팔아야 한다는 것을 의미한다. 따라서 노동자와 고용주 간의 상호이익이 되는 고용계약([역주] 즉, 고액의 지폐들)을 통해 비자발적 실업을 없앨 수 있으므로 정부 개입이나 정책이 불필요해진다. 그러므로 노동시장은 비자발적으로 실업자가 된 노동력을 '길거리에 방치되지 않도록' 보장해 줄 것이다.

둘째, 경쟁 시장에서 이윤 극대화를 추구하는 기업들은 '수익성이 매우 높은 산업들'([역주] 즉, 고액의 지폐들)에 진입하려는 인센티브를 갖는다. 이러한 인센티브는 독점력(monopoly power)으로 인해 발생하는 사회적 손실들(social losses)을 줄여 준다. 따라서 여러 실증 연구들에 따르면, 미국 산업의 경우 '독점으로 인한 사회적 손실'이 미미한 것으로 나타났다. 이는 독점으로 인한 사회적 손실의 크기를 측정하는 이른바 '하버거 삼각형'(Harberger triangle)의 크기가 작다는 사실을 의미한다. 마찬가지로, 많은 경제학자는 보호주의 및 기타 비효율적인 정부 정책들로 인해 발생하는 사회적 손실들이 GDP에서 차지하는 비중이 매우 작다는 사실을 실증적으로 발견하였다.

셋째, 코즈 정리(Coase theorem)에 기반을 둔 문헌들에 따르면, 외부효과(externality)가 존재하더라도 '피구식(Pigovian) 정부 개입'(즉, 피구세[6](Pigovian tax) 부과) 없이도 '관련 당사자들 간의 자발적 협상(voluntary bargaining)'을 통해 '사회적으로 효율적인 결과'를 달성할 수 있음([역주] 즉, 길가에 고액의 지폐들이 떨어져 있지 않다)을 보여 준다. 즉, 협상에 드는 거래비용(transaction costs)이 너무 많이 들지 않는다면 당사자들 간의 자발적인 협상은 외부효과를 내부화(內部化, internalize)하므로([역주] 즉, 자발적 협상을 통해 외부효과를 제거할 수 있으며) '파레토 효율적

6 [역주] 피구세란 경제활동 중 오염물질로 생기는 환경오염 등에 부과하는 세금을 말한다.

인(Pareto efficient) 결과'가 달성된다. 이 과정에서 당사자들 간의 법적 권리가 최초에 누구에게 배분되든([역주] 즉, 외부효과에 대한 법적 권리가 가해자에게 있든지 또는 피해자에게 있든지) 관계없이 자발적인 협상을 통해 파레토 효율적인 결과가 달성된다. 다시 말하면, 이는 '협상 당사자들은 협상 테이블 위에 한 푼의 돈(즉, 추가로 이익을 얻을 기회)도 남겨 놓지 않는다'([역주] 즉, 길가에 고액의 지폐들이 떨어져 있지 않다)는 것을 의미한다.

'코즈적 협상'에 관한 최근 문헌 중 일부에 따르면, (1) 협상에 드는 거래비용이 실제 자원을 많이 소모하며, (2) 이러한 자원의 가치가 파레토 효율성 조건을 정의할 때 반드시 고려되어야 한다고 강조한다. 따라서 특정 외부효과를 내부화하는 데 드는 협상비용이 협상의 결과로 얻는 이익을 초과한다면(즉, 협상비용 > 협상이익) 그러한 외부효과는 그대로 두는 것(즉, 내부화하지 않는 것)이 좋을 것이다. '합리적인 협상 당사자들이 자발적인 협상을 통해 협상 테이블 위에 한 푼의 돈(즉, 추가로 이익을 얻을 기회)도 남겨 놓지 않으려 한다'라는 사실은 곧, '자유방임(laissez faire; 정부의 불간섭)이 파레토 효율성을 초래한다'라는 점을 의미한다.

넷째, 좀 더 최근에 게리 베커(Gary Becker, 1983, 1985)는 '사중(死重)손실(deadweight loss; 자중(自重)손실 또는 사회적 손실)을 초래하는 정부 프로그램(사업)들은 정치적으로 불리할 것'이라는 점을 강조하였다. 또한, 스티글러(G. Stigler, 1971, 1992)와 위트먼(Wittman, 1989, 1995)을 비롯한 일부 경제학자들은 더 나아가 '정부를 거래비용을 줄이는 기관'으로 간주한 후 코즈 정리를 '정치'에 적용하였다. 이들은 본질적으로 경제세계에서와 마찬가지로 '정치세계'(polity; 또는 정치시장) 내에서 활동하는 합리적 행위자들(rational actors)은 자신들의 모든 상호이익이 실현될 때까지([역주] 즉, 길가에 고액이 지폐들이 없을 때까지) '정치적으로 협상할 인센티브'를 갖고 있으며, 그 결과 협상의 자유를 보장하는 '민주 정치'([역주] 즉, 민주적 협상 정치)는 (소득분배에 영향을 미치더라도) 일반적으로 '사회적으로 효율적인 결과'([역주] 즉, 길가에 고액이 지폐들이 없다)를 가져다줄 것이라고 주장하였다(이에 관해서는 스티글러(Stigler, 1971, 1992), 위트먼(Wittman, 1989, 1995), 톰슨과 페이스(Thompson and Faith, 1981), 브레튼(Breton, 1993) 등을 참고하기 바람). 이러한 주장은 심지어 정치적 협상의 결과로 선택된 정책이 경제학자들의 처방(권고)과 상반되더라도 여전히 성립한다. 왜 그런가? 만약 '어떤 대안적인 정치적 협상'이 정치세계 내의 합리적인 협상 당사자들에게 '더 나은 결과'를 가져다주었다면, 그들은 그러한 정책(즉, 경제학자들의 권고와 상반되는 정책)을 선택하였을 것이다! 여기서 기본적인 생각은 "정치세계에서도 '상호이익이 되는 협상'(mutually advantageous bargain)을 통해 당사자들은 자신들이 얻을 수 있는 '모든' 이익을 얻을 것이다"(즉, '보도에 떨어져 있는 고액의 지폐는 없다')라는 점이다. 따라서 이러한 생각은 우리가 현실 세계에서 '자유방임'(즉, 정부의 불간섭)을 보든, 과도한 '정부개입'을 보든 "우리는 이미 모든 가능한 세계 중에서 '가장 효율적

표 1 기존의 주장과 고액의 지폐 존재 여부

경제학파	주장	고액의 지폐 존재 여부	수단
초기 케인즈주의 거시경제학	"정부의 적극적 재정 및 통화 정책으로부터 '막대한 이익'을 얻는다."	존재함. (Big bills on the sidewalk.)	적극적 재정 및 금융 정책
신고전학파 거시경제학	"개인의 합리적 행동이 적극적 정부 정책이 해결하려고 하였던 문제들을 없애 준다."	존재하지 않음. (No big bills on the sidewalk.)	– 노동자와 고용주 간의 상호이익이 되는 고용계약 체결 – 이윤 극대화 기업 – 코즈 정리와 자발적 협상 – 정치적 코즈 정리

주: 역자 작성.

인 세계'([역주] 즉, '보도에 떨어져 있는 고액의 지폐가 없는 세계')에 살고 있다"[7]라는 결론에 이르게 한다.[8]

우리가 실제로 관찰하는 경제가 '사회적으로 효율적'(즉, 거의 효율적)이라는 생각은 (1) 자신의 논리를 끝까지 따르는 경제학자들에 의해 충실히 받아들여지고 있을 뿐만 아니라, (2) 가장 잘 알려진 많은 실증 연구의 근간이 되는 주요 가정이기도 하다. 예를 들면, 우리에게 익숙한 '총생산함수'(Aggregate Production Function)나 '성장회계'(Growth

7 [역주] We are already in the most efficient of all possible worlds.

8 [원문 각주 1] 이 논의에 대한 더 자세한 설명과 효율적인 재분배에 관한 문헌의 추가 인용은 나의 초기 논문(Olson, 1995)인 "거래비용과 코즈 정리: 코즈 정리가 모든 가능한 세계에서 가장 효율적인 것인가?"에 서술되어 있다.

Accounting)와 관련된 실증적 연구들에서 '자신의 경제가 총생산함수의 경계상(上)(또는 생산가능곡선상)에 있다'라고 가정한다. 이윤 극대화를 추구하는 기업들은 제품 생산을 위해 자본과 기타 생산요소들을 투입하며, 이 과정에서 '각 생산요소의 한계생산물(MP)의 가치'가 '각 생산요소의 가격'(P)과 일치하는(즉, $MP_i = P_i$, i=생산요소) 지점까지 사용한다([역주] 예를 들면, 노동의 경우 '노동의 한계생산물(MP_L)의 가치'가 노동의 가격인 '임금'(w)과 일치하는 지점까지 노동을 사용한다). 또한, 이때 '각 생산요소의 사적 한계생산물(Private Marginal Product, PMP)'이 '각 생산요소의 사회적 한계생산물(Social Marginal Product, SMP)'과 동일하다(즉, $PMP = SMP$)고 가정한다(예를 들어 자본의 경우, 이윤 극대화 기업들은 자본의 한계생산물(MP_K)의 가치가 자본의 가격(r)과 같아질 때까지(즉, $MP_K = r$) 자본을 투입하며, 자본의 사적 한계생산물(PMP_K)이 사회적 한계생산물(SMP_K)과 같다(즉, $PMP_K = SMP_K$)고 가정한다. 또한, 노동의 경우도 마찬가지이다). 그런 다음, 계량경제학자들은 '성장회계 추정식'을 바탕으로 사회적 총산출량(즉, 한 국가의 총생산량)의 증가 중 '노동과 자본 및 기타 생산요소'의 축적에 얼마나 기인(起因)하는지를 실증적으로 측정하고, 이러한 기여분을 '초과하는' 총산출량의 나머지 증가(이를 "잔여"(residual)라고 부름)를 '기술적 지식의 진보'(즉, 기술 발전)에 기인한 것으로 간주한다. 이러한 절차는 한 사회(국가)에서 이용 가능한 자원들(생산요소들; 즉, 토지, 노동, 자본 등)과 기술적 지식 수준하에서 '총산출량을 최대로 생산한다'([역주] 경제는 총생산함수의 경계상에 위치해 있다; 즉, 길가에 고액의 지폐들이 떨어져 있지 않다)라는 가정하에 진행된다.

위에서 제기된 아이디어들이 대부분 사실이라면, 어떤 경제세계(the economy)와 정치세계(the polity)에서 활동하는 '합리적인(이기적인) 당사자들'은 (1) 자신의 경제가 최대한 달성 가능한 잠재 수준에서 너무 멀어지지 않도록 할 것이며([역주] 즉, 길가에 고액의 지폐들이 떨어져 있지 않다), 그로 인해 (2) 경제학자들의 정책 조언은 특별한 가치를 지니지 '못할' 것이다. 물론, 경제학자들의 탁월한 경제 조언으로 GDP가 단 1%만 증가하더라도 우리들의 급여는 몇 배로 증가할 것이다. 그럼에도 불구하고 앞에서 언급한 아이디어들과 실증적 가정들이 지닌 함의(含意)는 '경제학이 세상을 구할 수는 없으며, 기껏해야 세상을 조금 개선시킬 수 있을 뿐이다'라는 점이다. 특히 케인즈(J. M. Keynes)는 전문직을 비교하면서 '경제학자들은 사회의 진보와 미래에 끼치는 영향 측면에서 치과의사들보다 더 중요하지 않다'라고 말하였다. ([역주] 이 의미는 케인즈가 경제학이 치과의학과 유사한 전문 분야로 인식되기를 바랐으며, 거창한 이론이나 복잡한 시스템보다는 '실용적이고 객관적인 지식과 구체적인 과제'에 집중하기를 기대하였음을 보여 준다.)[9]

9 [역주] 케인즈는 "경제학자가 치과의사만큼이나 겸손하고 능력 있는 사람으로 평가받을 수 있다면 얼마나 좋겠는가"라고 말하였다. 또한, "경제학자는 겸허하게 문제 해결에 집중하는 치과의사와 같아야 한다"고도 말하였다.

2. 부와 빈곤의 몇 가지 경계들: 국가 간의 부와 빈곤을 구분하는 몇 가지 요인들

우선, 한 사회(국가) 내에서 "'개인들의 합리적(合'利'的)[10] 행동(rationality; 이기적 행동)'이 자신의 사회(국가)가 생산 잠재력(productive potential)을 달성하도록 이끈다"[11]라는 아이디어에서 시작해 보기로 하자. ([역주] 즉, 한 사회(국가) 내에서 개인들이 합리적(이기적)으로 행동하면 '보이지 않는 손'을 통해 그 사회(국가)가 가진 '생산 잠재력'을 달성할 수 있다.) 이러한 아이디어를 검증하기 위한 '실증적 증거'를 어떻게 찾을 수 있는가? 이 질문은 실증적으로 검증하기 어려운 문제처럼 보인다. 그럼에도 불구하고 실증적 증거가 풍부한 한 가지 유용한 곳이 있는바, 그것은 바로 국가 간의 경계인 '국경'(國境)이다. 국경은 '국가 간의 상이한 경제정책과 제도를 가진 지역들'을 구분하는 역할을 한다 ([역주] 즉, 국경은 곧 '국가 간 경제정책과 제도의 차이'를 보여 주는 유용한 지표(指標)이다). 따라서 (1) '국가 간 경제성과의 차이'를 그들이 가진 '부존자원의 차이'로 설명할 수 없다면, (2) '국가 간 경제정책과 제도의 차이'를 보여 주는 '국경'은 각 사회(국가)가 자신의 '생산 잠재력'을 어

10 [역주] 보통 우리말에서 합리적(合'理'的)이란 이치(理)에 맞음(合)을 말한다. 그러나 여기서 합'리'적(合'利'的)이란 이익(利)을 위해 행동한다(合)라는 의미로 역자가 만든 말이다.

11 [역주] In a society, the rationality of individuals makes societies achieve their productive potential.

느 정도 달성하였는지를 효과적으로 보여 줄 수 있다. ([역주] 즉, '국가 간 경제성과의 차이'를 부존자원의 차이가 아니라 '국가 간 경제정책과 제도의 차이'로 설명할 수 있을 것이다.)

국가 간의 소득 수준은 매우 다르다. 가장 신뢰할 수 있는 지표(예를 들면, OECD, IMF, World Bank 등이 발표하는 수치)에 따르면, 가장 부유한 국가들의 1인당 소득(per capita income)이 가장 빈곤한 국가들의 1인당 소득보다 20배 이상 더 높은 것으로 나타났다. 고소득이 발생한 원인이 무엇이든 간에 분명히 (1) 일부 국가들에서는 고소득이 존재하지만, (2) 다른 국가들에서는 고소득이 존재하지 않는다! 즉, 고소득은 분명히 일부 국가들에서는 존재하고, 다른 국가들에서는 존재하지 않는다! 부유한 국가들과 빈곤한 국가들이 대개 '국경'을 공유하지는 않는다. 그러나 실제로 두 부류의 국가들이 '국경을 공유한 경우'가 있으며, 다음과 같이 이들 국가 간에 1인당 소득의 커다란 차이를 볼 수 있다. 예를 들면, (1) 구불구불한 강 양쪽에 있는 국가의 경우(예, 리오그란데강(Rio Grand); 미국과 멕시코의 국경을 이루는 강)나, (2) 적대적인 군대가 정전(停戰) 상태에 있는 경우(예, 남한과 북한)나, (3) 임의로 경계를 그어 한 국가가 분할(分割)된 경우(예, 과거 서독과 동독) 등에서 양국 간 1인당 소득에 큰 차이가 존재함을 알 수 있다.

국가 단위로 총계(總計)하는 방식을 통해 '국가 간에 발생하는 1인당 소득의 커다란 차이'를 설명하는 데 다음 두 가지 가능성(요인)을 이용할 수 있다.

첫 번째 가능성(요인)은 총생산함수 방식과 앞에서 언급한 이론들이 시사해 주듯이 "'국경'이 국가 간의 '1인당 생산자원 부족(또는 풍부)의 차이'를 나타내 준다"라는 점이다. 즉, 빈곤한 국가들이 '빈곤한 이유'는 자신들이 가진 '생산자원들이 부족'하기 때문이다. 빈곤한 국가들은 어떤 생산자원들이 부족한가? 빈곤한 국가들은 (1) 토지와 천연자원, (2) 인적 자본, (3) 최신 기술을 구비한 기계나 장비(즉, 물적 자본), 또는 (4) 다른 유형의 생산자원(예, 문화)이 부족할 수 있다. 이러한 이론에 따르면, 코즈 정리는 부유한 국가들에서와 마찬가지로 '빈곤한 국가들'에서도 성립한다. 즉, 위에서 언급하였듯이 "'개인들의 합리적(合'利'的) 행동(이기적 행동)'은 각 사회(국가)를 자신의 생산 잠재력을 달성하거나 그에 상당히 가깝도록 이끈다"[12](그러나 사회(국가) 간의 생산 잠재력은 서로 다를 수 있다). ([역주] 한 사회(국가) 내에서 개인들이 합리적(이기적)으로 행동하면 '보이지 않는 손'을 통해 그 사회(국가)가 가진 '생산 잠재력'을 달성할 수 있다.) 이는 "빈곤한 사회(국가)들의 작은 길 위에도 고액의 지폐들이 남아 있지 않는다"는 점을 의미한다.

두 번째 가능성(요인)은 "'국경'이 국가 간 '공공정책과 제도의 차이'를 나타내 준다"라는 점이다. 특히 국가 간 공공정책과 제도가 (1) 단순히 '서로 다를' 뿐만 아니라, (2) 일부 국가들에서는 '더 우수'하고, 다른 국가들에서는 '더 열악'하다. 그 결과, (1) '최상의 공공정책

12 [역주] The rationality of individuals brings each society to achieve or reasonably close to its potential.

과 제도'를 갖춘 국가들은 자신의 생산 잠재력(또는 잠재 소득)의 대부분을 달성하지만, (2) (최상의 공공정책과 제도를 갖추지 못한) 다른 국가들은 자신의 잠재 소득의 극히 작은 비중만을 달성한다. 후자의 사회(국가)들에서 개인들과 기업들은 매우 어려운 환경에서도 생계를 유지하기 위해 '합리적(合'利'的) 행동'(이기적 행동)을 실천할 뿐만 아니라 종종 뛰어난 창의성과 끈기를 발휘한다.

그러나 그러한 개인들과 기업들의 성취(합리적 행동)는 '사회적으로 효율적인 생산 잠재력 수준'에 가까운 어떠한 결과도 가져다주지 못한다! 이러한 국가들(즉, 최상의 공공정책과 제도를 갖추지 못한 국가들)은 자신의 천연자원과 물적 및 인적 자원을 사용하여 매년 수천억 달러 또는 심지어 수조 달러를 벌 수 있지만, 실제로는 그렇게 하지 못하고 있다! 왜 그런가? 이러한 이론에 따르면, 빈곤한 국가들은 길가에 떨어져 있는 고액의 지폐들을 줍는 데(즉, 막대한 이익을 실현하는 데) 필요한 '생산 협력'(productive cooperation)을 이끌어 내기 위한 '인센티브 구조'(incentive structure)를 갖추지 못하고 있다. 빈곤한 국가들이 고액의 지폐들을 줍게 하는 '인센티브 구조'를 갖추지 못하고 있는 이유는 '개인들과 기업들의 합리적 행동만'으로 그러한 인센티브 구조가 자동적(또는 자생적)으로 형성되지 않기 때문이다. 그러한 인센티브 구조는 어떻게 형성되는가? 그러한 인센티브 구조는 (1) 각 기간에(즉, 단기적으로) 채택된 '경제정책'뿐만 아니라, (2) '장기적인 제도나 제도적 장치'에도 의존한다. 이때 제도적 장치는 (1) 계약을 집행하고, 재

표 2 국경에 기반한 국가 간 경제성과(즉, 1인당 소득)의 차이

가능성	차이 발생 요인	경제성과의 차이
첫 번째 가능성	국가 간 1인당 생산자원 부족(또는 풍부)의 차이: (1) 토지와 천연자원 부족 (2) 인적 자본 부족 (3) 최신 기술을 구비한 기계나 장비(즉, 물적 자본) 부족 (4) 다른 유형의 생산자원 부족(예, 문화)	(1) 코즈 정리가 '부유한 국가들'과 '빈곤한 국가들' 모두에서 성립함. (2) 즉, '개인들의 합리적 행동(이기적 행동)'은 자신의 국가가 생산 잠재력을 달성하거나 그에 상당히 가깝도록 이끔. (3) '부유한 국가들'뿐만 아니라 '빈곤한 국가들'의 길가에도 고액의 지폐들이 남아 있지 '않음'을 의미함.
두 번째 가능성	국가 간 공공정책과 제도의 차이	(1) '최상의 공공정책과 제도'를 갖춘 국가들은 자신의 생산 잠재력 대부분을 달성하지만, 최상의 공공정책과 제도를 갖추지 못한 다른 국가들은 자신의 잠재 소득의 극히 작은 비중만을 달성함. (2) '개인들과 기업들의 합리적 행동(이기적 행동)'은 국가가 생산 잠재력을 달성하지 못하거나 '사회적으로 효율적인 생산 잠재력 수준'에 가까운 어떠한 결과도 가져다주지 못함! (3) 빈곤한 국가들은 길가에 떨어져 있는 고액의 지폐들을 줍는 데(즉, 막대한 이익을 실현하는 데) 필요한 '생산 협력'을 이끌어내기 위한 '인센티브 구조'를 갖추지 못하고 있음!

주: 역자 작성.

산권을 보호하는 법률 제도, (2) 정치적 구조, (3) 헌법 조항, 그리고 (4) 특별이익집단들의 로비력과 카르텔들의 영향력 등에 의존한다.

위에서 언급한 두 가지 가능성 각각은 '국가 간의 경제성과'를 설명하는 데 얼마나 중요한가? 이 질문은 매우 중요하다고 생각된다. 이 질문에 대한 대답은 (1) 현재 논의 중인 '이론들을 평가'하는 데 유

용할 뿐만 아니라, (2) 경제성장과 발전의 '주요 원천들'에 관해 새로운 통찰을 제공해 주기 때문이다.

나는 먼저 (1) 전통적인 총생산함수나 성장회계 연구에서와 동일한 방식으로 생산요소들을 총계화(總計化, aggregating)하여 상기 두 가지 가능성을 평가해 볼 것이다. 그런 다음 (2) 총계화된 생산요소들 각각의 '상대적 풍부함 또는 희소성'을 차례로 검토할 것이다. 즉, 총계화된(즉, 어느 한 국가가 가진) ① "자본"(capital), ② "토지"(land; 토지는 '모든 천연자원'(natural resources)을 나타냄) 및 ③ "노동"(labor; 노동은 기술과 교육을 나타내는 '인적 자본'(human capital)뿐만 아니라 '문화'(culture)도 포함함)의 상대적 풍부함 또는 희소성을 별도로 검토할 것이다. 또한, ④ "기술(technology) 수준"도 별도로 검토할 것이다. 마지막으로, 성장회계 연구들과 솔로(R. Solow) 유형의 성장이론에서 일반적으로 가정하고 있는 "모든 국가에 동일한 '기술 지식'(technological knowledge) 수준이 외생적으로 주어진다"라는 가정을 지지하는 증거들과 몇 가지 고려사항을 제시하고자 한다.[13] 이제 (1) 이러한 전통적인 분류체계(taxonomy)—즉, 총생산함수나 성장회계 연구—와 (2) '각 국가는 자국의 신고전학파 총생산함수의 경계상에 위치한다'라는 가정을 바탕으로 우리는 일반적인 사실들을 도출하고, 그러한 사실들로부터 몇 가지 간단한 추론을 통해 중요한 결과들을 발견할 수 있다.

13 [원문 각주 2] 내생적 성장이론(endogenous growth theory)에 대한 다른 여러 가정은 나중에 검토할 예정이다.

다음 제3장에서는 '생산 지식(또는 기술 지식)의 이용 가능성'에 대해 살펴볼 예정이다. 이를 위해 '전 세계 모든 국가가 전 세계의 지식 스톡(knowledge stock)을 거의 또는 전혀 비용 부담 없이(즉, 거의 또는 완전 공짜로) 이용할 수 있다'라고 가정하고, 이러한 가정을 뒷받침하는 강력한 근거를 제시하고자 한다. 다음으로, 제4장에서는 (1) 대규모 이주(移住)와 (2) 인구 밀도 관련 증거를 통해 '노동의 한계 생산성'(또는 생산물)이 어떻게 변하는지를 살펴볼 것이다. 주지하듯이, 토지와 기타 천연자원에서 얻을 수 있는 '수확은 체감'하는(diminishing returns) 성질([역주] 이를 '수확 체감'[14]이라 부름)을 지니고 있다. 따라서 토지와 천연자원에서는 '수확 체감'이 발생하므로 '국가 간 토지와 천연자원의 차이'로는 '국가 간 소득의 커다란 차이'의 대부분을 설명할 수 '없음'을 살펴볼 것이다. 다음으로, 제7장에서는 로버트 루카스(Robert Lucas)가 실증적으로 추정한 계산 결과를 이용하여 (1) 실제 세계에서 관찰되는 '국가 간 자본 집약도(capital intensity)의 엄청난 차이'가 시사하는 함의를 분석하고, (2) 이들을 자본 이동의 방향과 규모에 대한 사실들과 연관시켜 설명할 것이다. 이를 바탕으로 (3) 전 세계 국가들이 신고전학파 총생산함수의 경계상 근처에도 위치하지 못하고 있음을 보여 줄 것이다. 마지막으로, 제9장에서는 빈곤한 국가들에서 부유한 국가들로 이주한 이민자들을 대상으로 한 (이상하게도 거의

14 [역주] 이를 수확 체감(收穫遞減)이라고 부른다. 즉, 토지의 생산력이 일정 수준을 넘으면 자본과 노력을 증가하여도 이에 비례하지 않고 상대적으로 줄어드는 현상을 말한다.

간과되어 온) 몇 가지 '자연 실험'(natural experiment)을 수행 및 분석하여, (1) 빈곤한 국가(예, 아이티)와 부유한 국가(예, 독일)에서 미국으로 이주한 이민자들 간의 '인적 자본 보유량의 차이'가 얼마나 큰지를 실증적으로 추정하고, 이를 통해 (2) '국가 간 인적 자본의 차이'가 '국가 간 노동의 한계생산물(또는 임금)의 차이'의 극히 일부만을 설명할 수 있음을 증명해 보일 것이다.

그러므로 (1) '고전적인 세 가지 주요 총생산요소(즉, 토지, 노동, 자본)의 부존량의 차이'와 (2) '기술의 이용 가능성의 차이'가 '국가 간 1인당 소득의 커다란 차이'의 대부분을 설명하지 못하기 때문에, 이제 우리는 위에서 제시된 두 가지 가능성 중 두 번째 가능성(물론 매우 총계화된 개념을 바탕으로)에 의존할 수밖에 없다. 즉, '국가 간 1인당 소득 차이'의 가장 중요한 설명 요인은 각국이 채택하고 있는 '경제정책과 제도의 차이'에 있다는 사실이다. 그러나 이 책은 지면 관계상 이러한 결론을 뒷받침하는 다른 유형의 증거들을 자세히 설명하거나, 특정 경제정책과 제도가 경제성장을 가장 잘 촉진하는지에 대한 자세한 분석은 제시하지 않을 것이다. 그럼에도 불구하고 다른 연구들을 참고하고, 우리가 처음에 논의하였던 이론들이 간과한 점을 다시 살펴봄으로써 '국가 간 경제정책과 제도의 차이'가 왜 '국가 간 1인당 소득 차이'의 주요 결정 요인인지를 어느 정도 이해할 수 있을 것이다. 또한, 각국이 최대한의 소득 수준을 달성하는 데 필요한 '경제정책과 제도가 갖추어야 할 가장 보편적인 몇 가지 특징들'에 대해 희

미하게나마 이해할 수 있을 것이다.

3. 생산 지식 또는 기술 지식의 이용 가능성

'빈곤한 국가들'을 포함하여 전 세계 모든 국가가 일반적으로 전 세계에 존재하는 '기술 지식'을 거의 또는 전혀 비용을 지불하지 않고(즉, 거의 또는 완전 공짜로) 이용할 수 있는가? 그 대답은 기술 지식이나 생산 지식이 '사적재'(private good)냐 '공공재'(public good)냐의 여부에 달려 있다. 우선, 만약 '생산 지식'(productive knowledge)이 '특허를 받을 수 없는' 자연의 법칙이나 기초 과학의 진보 등의 형태를 지닌다면 이는 모든 사람이 무료로 이용할 수 있는 '공공재'(公共財, public goods)다. 즉, 누구나 공짜로 혜택을 누릴 수 있는 '배제 불가능한' 특성을 갖는다. 그러나 지식 재산권 보호가 엄격히 집행되는 국가들에서는 (1) 특허나 저작권으로 인해 많은 발견물(즉, 생산 지식)의 경우 특허나 저작권을 지불하지 않은 사람들은 그러한 발견물(즉, 생산 지식)들을 이용할 수 없거나, (2) 특정 기술 혁신과 발견들(즉, 생산 지식)의 경우 기계나 다른 시장성 있는 제품들에 내재(체화)되어(embodied) 있어서 해당 기계나 제품들을 구입하지 않는 한 그러한 기술 혁신과 발견들(즉, 생산 지식)을 이용할 수 없을 것이다. 이 경우에 기술 지식이나 생산 지식은 '사적재'(私的財, private goods)이다. 그러나 기초 과학 분야에서 일어나는 대부분의 혁신이나 진보(즉, 생산 지식)가 부유한 국가들에 있는 '기업들'에서 구매해야 하는 특정 제품이나 공정에 결합되어 있거나 내재(체화)되어 있다면 '빈곤한 국가'라도 해당 제품이나 공정을 구매함으로써 그러한 혁신이나 진보(즉, 생산 지식)를 이용할 수 있을 것이다. 따라서 어떤 '빈곤한 국가'에서 현대적 생산 지식이나 기술 지식을 이용함으로써 얻는 이익의 대부분이 주로 해당 생산 지식이나 기술 지식을 발견하거나 개발한 국가들에서 영업활동을 하는 '기업들'에게 돌아가느냐의 여부를 파악하는 것이 중요하다. 왜 그런가?

제3세계 국가 중 매우 빠르게 성장한 국가들은 분명히 제1세계(선진국)로부터 현대적 기술들(즉, 기술 지식)을 '도입'하였을 것이다. 그래서 나는 (내 연구 조교인 브렌던 케널리의 도움을 받아) 이러한 국가들(예, 한국)이 외국 기술들에 얼마나 많은 비용을 지출하였는지를 조사해 보고자 하였다. 그러한 시도를 하던 중에 우연히 1973~1979년간 한국에 대한 몇 가지 놀라운 데이터를 제시한 연구 논문을 찾았다(이에 대해서 Koo(1982)를 참고하기 바람[15]). 이러한 기간 동안 한국에서 '체화되지 않은 기술'[16](disembodied technology)에 대한 로열티[17] 및 기타 모든 지

15 [역주] Koo, Bohn-Young, "New Forms of Foreign Direct Investment in Korea," Korea Development Institute, Working Paper No. 82-02, June 1982.

16 [역주] 특허, 노하우, 자문용역 등을 '체화되지 않은 기술'이라고 부르고, 반면에 자본재 거래나 외국인 직접 투자(FDI) 시 제품, 생산 및 관리 활동 등에 포함(체화)되는 기술을 '체화된 기술'(embodied technology)이라고 부른다.

급액은 '미미한' 수준이었으며, 대체로 GDP(국내총생산)의 1,000분의 1(=0.001%) 미만이었다. 또한, 한국에서 '외국인 직접 투자(FDI)로 발생한 모든 수익'을 '생산(기술) 지식에 대한 지급액'으로 간주하고, 이를 로열티에 더하더라도(즉, 로열티+FDI에서 발생한 총수익) 그 총액은 여전히 해당 기간 동안(즉, 1973~1979년) 한국의 GDP **증가분**의 1.5% 미만이었다. 따라서 '생산 지식을 보유한 외국 기업들'은 한국의 급속한 경제성장에서 발생한 이익의 50분의 1(=0.02%) 미만을 획득하였을 뿐이다.[18] ([역주] 이러한 결과는 한국이 1973~1979년 동안 선진국으로부터 생산 지식이나 기술 지식을 거의 도입하지 '못하였으며', 그럼에도 한국은 해당 기간 동안 괄목할만한 성장을 이루었음을 의미한다.)

나는 이 장을 시작하면서 "'빈곤한 국가들'을 포함하여 전 세계 모든 국가가 일반적으로 전 세계에 존재하는 '기술 지식'을 거의 또는 전혀 비용을 지불하지 않고(즉, 거의 또는 완전 공짜로) 이용할 수 있는가?"라고 질문하였다. 그 대답은 '그렇다'이다. 한국의 이러한 사례는 오랫동안 널리 받아들여져 온 다음 가정을 뒷받침한다. 즉, "빈곤한 국가들도 전 세계에 있는 생산 지식의 대부분을 이용할 수 있으

17 [역주] 로열티(royalty)란 특허권, 상표권 등 남의 산업 재산권이나 저작권을 사용하는 대가로 지급하는 사용료를 말한다.

18 [원문 각주 3] 나의 이러한 계산에는 새로운 장비 비용에서 '해당 장비에 내재된(체화된) 새로운 아이디어에 대한 암묵적인 비용이 차지하는 부분'이 제외되어 있다. 또한, 한국의 경제성장이 모두 '해외에서 발견된 지식'에 기인한 것은 결코 아니라는 점을 기억해야 한다.

며, 심지어 비교적 적은 비용을 지불하며 이용할 수 있다"라는 오랜 기간 동안 널리 받아들여져 온 가정을 확실히 뒷받침한다.[19] 따라서 '국가 간 1인당 소득 차이'의 대부분을 '국가 간 생산 지식(또는 기술 지식)의 이용 가능성의 차이'로 설명하는 것은 큰 의미가 없을 것이다.[20]

4. 인구 과잉과 그로 인한 노동에 대한 보수(한계생산물) 체감: 인구가 많으면 빈곤해지는가?

위에서 살펴보았듯이 세계 각국은 빈곤국이라도 큰 어려움 없이 동일한 세계적 지식 스톡(지식 원천)이나 생산기술에 접근하여 사용할

19 [원문 각주 4] 일부 사람들은 종종 "개발도상국들에서는 현대적 기술들(예, 첨단 장비)을 사용하는 데 필요한 '고학력 인력들'이 아직 부족하여, 사실상 전 세계 지식 스톡(예, 첨단 기술)을 이용할 수 없다"라고 주장한다. 그러나 이러한 주장은 다른 조건이 동일하다면 개발도상국에서 '부족한 기술'(missing skills; 예, 첨단 장비 사용법)을 가진 사람들에게 주어지는 보상이 '해당 기술이 비교적 풍부한 국가들'에서보다 '빈곤한 국가들'에서 더 높다는 사실을 간과하고 있다. 즉, 첨단 장비 사용법을 아는 사람들은 '그러한 기술이 부족한 개발도상국들'에서 받는 보상이 '첨단 장비 사용법을 아는 사람들이 풍부한 선진국들'에서 받는 보상보다 더 높다. 만일 언어 습득의 어려움과 현지국의 시장 상황에 대한 무지가 극복된다면 '부족한 기술'을 가진 사람들(즉, 첨단 장비 사용법을 아는 사람들)은 선진국들보다 그들을 가장 필요로 하는(즉, 보상이 큰) 저소득 국가들로 이주할 인센티브를 갖게 될 것이다. 그들은 때때로 다국적 기업들의 직원으로 이주하기도 한다.

20 [원문 각주 5] 나중에 1인당 소득 수준과 그 성장률 사이의 관계에서 지금까지 간과되었던 측면을 살펴볼 때 이러한 가정에 대한 새로운 또는 내생적 성장이론의 반박은 현재의 설명에는 적용되지 않을 것이다.

수 있다.[21] 그러나 '동일한' 세계적 지식 스톡이나 기술에 접근할 수 있는 국가들이라도 (1) 국가 간에 부존자원들[22](factor endowments; 생산요소 부존량, 특히 토지나 인구 등)이 '서로 다를 수' 있으며, (2) 그러한 차이는 '국가 간 1인당 소득(또는 GDP) 차이'의 대부분을 설명할 수 있다. 따라서 많은 연구자와 사람들은 '빈곤 국가들에서의 빈곤'이 주로 '인구 과잉'[23](overpopulation), 즉 '인구 대비 토지 및 기타 천연자원의 비율이 낮기' 때문이라고 생각한다. 이러한 생각은 과연 사실인가?

이 질문에 대한 매우 설득력 있는 답을 제시해 주는 몇 가지 실증적 증거들이 있다. 나는 바그와티(Bhagwati, 1984)의 이론적 연구를 통해 해밀턴과 월리(Hamilton and Whalley, 1984)가 '저소득 국가에서 고소득 국가로 더 많은 노동자가 이동하였을 때 세계 소득이 얼마나 변화(증가)하는지'에 대해 추정한 연구를 알게 되면서 그러한 증거들을 접하게 되었다.[24] 여기서 핵심은 '빈곤한 국가에서 부유한 국가로의 이주(migration)가 양국에서 노동의 한계생산성과 임금을 얼마나 **변화**

---

21 [역주] 예를 들면, 자본 스톡(capital stock)이란 한 나라 안에 존재하는 모든 생산자산의 가치를 합산한 총합을 의미한다. 이는 곧 경제 주체들이 보유한 건물, 기계, 장비 등 유형 고정자산뿐만 아니라 지식 재산권, 무형 고정자산까지 포함하여 산정된다.

22 [역주] 부존자원(賦存資源)이란 어떤 한 나라에서 경제적으로 이용할 수 있는 모든 천연자원을 말한다.

23 [역주] 인구 과잉이란 인구 대비 토지 및 기타 천연자원의 비율이 낮음을 의미한다.

24 [역주] Bhagwati, Jagdish, "Incentives and Disincentives: International Migration," *Weltswirtschaftliches Archiv*, 1984, Vol. 120, pp. 678~701; Hamilton, Bob and John Whalley, "Efficiency and Distributional Implications of Global Restrictions on Labour Mobility: Calculations and Policy Implications," *Journal of Development Economics*, January/February 1984, Vol. 14, pp. 61~75.

시키는지'를 고찰하는 것이다.

이제 논의를 편리하고 단순화하기 위해 세계가 두 지역으로만 나뉘어 있다고 가정해 보자: 즉, 남쪽 지역(부유한 국가)과 북쪽 지역(빈곤한 국가)만 있다. 또한, 두 지역(국가) 모두 자신의 총생산함수의 경계선상(on the frontier; [역주] 즉, 생산가능곡선상)에 있다([역주] 즉, 자원이 효율적으로 사용되고 있다)는 기존의 가정을 그대로 유지하기로 한다([역주] 논의의 목적은 이러한 경우에도 "세계적으로 '고액의 지폐들'이 존재할 수 있음"(즉, 자원이 비효율적으로 사용되고 있음)을 고찰하는 데 있다). 다음 [그림 1]의 좌측 원점(즉, O^N)에서 시작하여 왼쪽에서 오른쪽으로 이동하면 북쪽 지역의 노동력(노동인구)이 점점 더 많아진다. 북쪽 지역의 노동력의 이러한 증가는 세계의 모든 노동력이 모여 있는 수평축(가로축)의 맨 오른쪽 끝(즉, O^S)에 도달할 때까지 계속된다. 반대로, 오른쪽 원점(즉, O^S)에서 출발하여 오른쪽에서 왼쪽으로 이동하면 남쪽 지역의 노동력(노동인구)이 점점 더 많아진다. [그림 1]의 왼쪽 수직축(세로축)은 부유한 북쪽 지역(선진국)의 노동의 한계생산물(MP_L^N) 및 임금(w^N)이 표시되어 있다([역주] 노동의 한계생산물(MP_L)은 곧 임금(w)을 의미함). [그림 1]에서 MP_L^N 곡선은 북쪽 지역(부유한 국가)의 노동의 한계생산물 및 임금(w^N)을 나타내며, 노동의 수확(returns; 한계생산물)이 체감(diminishing)하는 특성으로 인해 왼쪽 원점 O^N에서 오른쪽으로 갈수록 하향하는 기울기(즉, 우하향하는 모습)를 갖는다. 마찬가지로, 남쪽 지역(후진국)의 노동력이 더 많아질수록 남쪽 지역의 노동의 한계

그림 1 두 지역 간 인구 분포와 노동의 한계생산물 및 임금의 차이

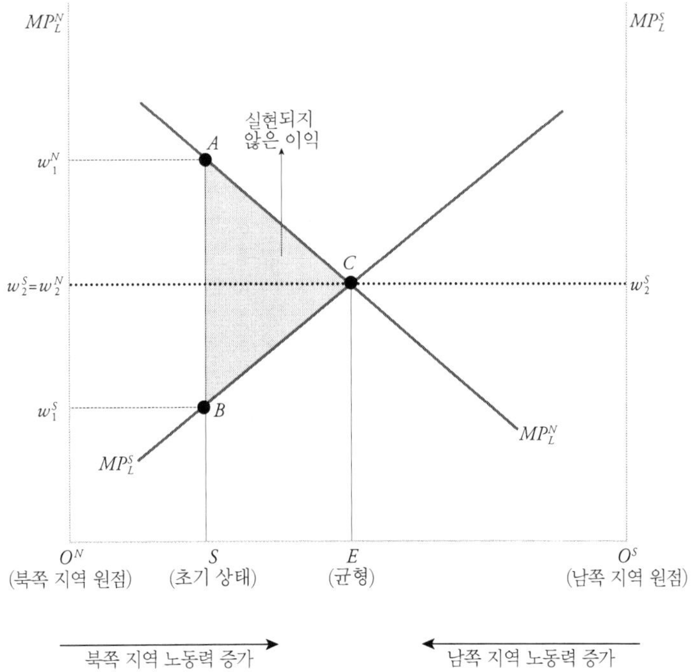

역주: 1) △ABC는 실현되지 않은 이익(즉, 길가에 버려져 있는 고액의 지폐들)의 규모를 말함.
2) N은 북쪽 지역, S는 남쪽 지역, L은 노동을 나타냄.

생산물(MP_L^S) 및 임금(w^S)이 더 낮아지며, 그로 인해 오른쪽 수직축(세로축)에 표시된 빈곤한 남쪽 지역(후진국)의 노동의 한계생산물(MP_L^S) 및 임금(w^S)은 오른쪽 원점(즉, O^S)에서 출발하여 왼쪽으로 갈수록 하향하는 기울기(즉, 좌하향하는 모습)를 갖는다. 수평축(가로축)의 각 점은 세계 노동인구의 북쪽 지역(부유국)과 남쪽 지역(빈곤국) 간 분포를

나타낸다. 예를 들어, [그림 1]에서 S점을 현재의 상태(즉, 초기 상태)라고 가정해 보자. S점에서 북쪽 지역은 부존자원에 비해 상대적으로 노동력과 인구가 작으므로, 북쪽 지역의 노동의 한계생산물(MP^N_L) 및 임금(w^N)이 높음을 볼 수 있다(A점 참조). 반면에 S점에서 노동력과 인구가 많은 남쪽 지역의 노동의 한계생산물(MP^S_L) 및 임금(w^S)은 낮음을 볼 수 있다(B점 참조). 따라서 S점에서 북쪽 지역의 노동의 한계생산물 및 임금(w^N_1)이 남쪽 지역의 노동의 한계생산물 및 임금(w^S_1)보다 상당히 더 크다(또는 높다)는 사실을 알 수 있다: 즉, $w^N_1 > w^S_1$.

이 모형은 매우 단순하지만 노동자들이 저임금(w^S)인 남쪽 지역에서 고임금(w^N)인 북쪽 지역으로 이주할 때 '세계(두 지역 모두) 소득이 증가한다'라는 사실을 보여 준다. 즉, S점에서 이주 노동자가 부유한 국가에서 받는 임금(w^N)과 이주하지 않았을 때 빈곤한 국가에서 받는 임금(w^S)의 차이(즉, AB 금액)만큼 세계 소득이 증가한다. 분명한 사실은 가정에 의해 세계 모든 국가가 각각 총생산함수의 경계선상(즉, 생산가능곡선상)에 있다고 해도 '세계 전체(즉, 두 지역 전체)는 총생산함수의 경계선상에 있지 않다'라는 점이다[25]([역주] 즉, 세계 전체(즉, 두

25 [역주] Clearly, the world as a whole is not on the frontier of its aggregate production function, even if all of the countries in the world are on the frontier of its aggregate production function: this implies that some big bills have **not been picked up** on the roads that migrate from poor to rich countries. Alternatively, some big bills have still **left on the roads** that migrate from poor to rich countries: that is, some big bills left on the sidewalk were still not picked up. Or some big bills were still left on the sidewalk.

지역 전체)적으로 자원이 효율적으로 사용되지 않고 있음을 의미한다). 이는 *S* 점의 경우 노동자들이 빈곤한 국가에서 부유한 국가로 '이주하는 도로' 위에서 발생하는 막대한 금액이 아직 '포착(발견)되지 않았음'(not picked up; [역주] 즉, '여전히 보도에 버려져 있음')을 의미한다.[26] 물론 방금 설명한 논의가 매우 단순하며, 국내 이주보다 국제 이주에는 다른 많은 고려사항이 있을 것이다. 이러한 고려사항들과 다른 문제들을 이해하려면 이 간단한 '생산요소 부존량'(또는 부존자원의 차이)에 대한 논의를 좀 더 자세히 살펴보는 것이 가장 좋을 것이다.

5. 대규모 이주가 초래한 놀라운[27] 결과들: 실제 사례

이제까지 살펴본 기본 모형에 따르면, '토지 및 기타 천연자원

---

26 [원문 각주 6] 즉, 이는 '부유한 지역(국가)과 빈곤한 지역(국가) 사이에서 '코즈식(式) 거래'(Coase-style bargain)가 이루어지지 않았음'을 의미한다. 노동력이 빈곤한 국가들에서 부유한 국가들로 '이동'할 때([역주] 즉, 빈곤한 국가들과 부유한 국가들 사이에 '노동 이주 거래가 발생'할 때) 소득이 (예를 들어) 10배 증가한다면 빈곤한 국가들의 사람들이 부유한 국가들로 이주하려는 인센티브가 지속적으로 발생할 것이다. 심지어 부유한 국가들이 10배 증가한 소득의 (예를 들어) 절반을 가져가서(즉, 세금으로 징수해 가서) 자국민들에게 나누어 준다고 하더라도 빈곤한 국가들의 사람들이 부유한 국가들로 이주하려는 인센티브는 지속적으로 일어날 것이다. 그러나 이러한 '국가 간의 거래(즉, '노동 이주 거래')에 드는 거래비용'은 '노동 이주 거래로 얻는 이익'(즉, 거래이익)에 비해 분명히 미미할 것이다.

27 [역주] 여기서 '놀라운'의 의미는 가설 또는 예상(즉, 대규모 이주가 국가 간 1인당 소득 격차를 줄일 것이다)이 실제로는 성립하지 않음을 의미한다.

에 대한 수확(또는 한계생산물) 체감'이 '국가 간 1인당 소득의 차이'를 주로 설명해 줄 것이다. 이 경우에 (다른 모든 것(예, 자본 스톡)이 동일하다면) 빈곤한 국가에서 부유한 국가로의 '대규모 이주'는 필연적으로 국가 간의 소득 격차를 '감소'시킬 것이다. 왜 그런가? 그러한 대규모 이주는 분명히 (1) '이주 출발(유출, emigrate) 국가'에서는 인구 대비 자원 비율(=자원/인구)을 높이고, (2) '이주 도착(유입, immigrate) 국가'에서는 인구 대비 자원 비율을 낮추기 때문이다. 대규모 이주는 [그림 1]에서 *E*점에 이르러 두 국가 간의 임금이 같아질 때(즉, 그림에서 $w_2^N = w_2^S$)까지 계속될 것이다. 따라서 대규모 이주는 *E*점에서 멈출 것이다.

먼저, 아일랜드와 영국의 경우를 고려해 보자. 아일랜드는 과거에 전 세계에서는 아니더라도 유럽에서 가장 높은 비율의 '밖으로의 이주'(outmigration; 인구 유출 또는 해외 이주)를 경험한 국가였다. 1821년 인구조사[28](Census)에서 아일랜드의 인구는 540만 명이었고, 영국의 인구는 1,420만 명이었다.[29] 아일랜드는 1821년 이후 다른 유럽 국

28 [역주] 인구조사(人口調査)란 행정적인 기초 자료를 얻기 위해 정부가 전국적으로 시행하는 인구 동태 및 부수적인 조사를 말한다.

29 [원문 각주 7] 나는 이 책을 쓸 당시에 불운하게도 조엘 모키어(Joel Mokyr, 1983)가 자신의 책에서 서술한 19세기 아일랜드에 대한 분석을 읽어보지 못하였다. 19세기 아일랜드에 대한 더 풍부한 분석을 보려면 모키어가 쓴 『아일랜드의 기근 발생 원인』(1983)을 참고하기 바란다. 특히 모키어는 상세한 정량적 연구를 통해 "기근이 발생하기 이전에 아일랜드에서 어떤 유용한 의미에서든 '인구 과잉이 있었다'라는 증거는 없다"(p. 64)라고 결론지었다.

가들과 동일한 자연 인구 증가율을 보였지만, 1986년에 이르러 아일랜드의 인구는 350만 명에 불과하였다. 한편 1986년 영국의 인구는 5,510만 명에 달하였다. 1821년에 아일랜드의 인구 밀도[30](population density)는 영국의 인구 밀도보다 높았지만, 1986년에 이르러서는 영국의 약 5분의 1 수준에 불과하였다.[31]

위에서 살펴보았듯이 어떤 국가에서 '토지(또는 천연자원) 부족' 또는 '인구 과잉'이 빈곤 발생에 결정적 요인이라면 '외국으로의 대규모 이주'로 국내 인구가 감소하면(그로 인해 '토지(또는 천연자원) 부족' 또는 '인구 과잉' 문제가 해소되면) 그 국가의 1인당 소득은 증가하는가? 예를 들어, 아일랜드는 (1) 영국으로의 '대규모 해외 이주'로 국내 인구가 크게 감소하여 적어도 영국과 비교하였을 때 1인당 소득이 매우 '빠르게 증가'했어야만 하며, (2) 결국 '밖으로의(해외로의) 이주'가 '중단'되었어야만 할 것이다. 이는 사실인가? 그러나 그렇지 않았다! 놀랍게도(이 책이 출간된 1996년 당시) 아일랜드의 대규모 해외 이주에도 불구하고 아일랜드의 1인당 소득 수준은 (1) 여전히 영국의 약 8분의 5(=0.625) 수준에 불과하였고, 미국의 절반 수준에도 미치지 못하였으며, (2) 아일랜드의 해외 이주는 중단되기는커녕 여전히 '계속'되

30 [역주] 인구 밀도(人口密度)란 일정한 지역의 단위 면적에 대한 인구수의 비율을 말하며, 보통 1km² 안의 인구수로 나타낸다.

31 [원문 각주 8] 당시 북아일랜드(Northern Ireland)는 영국과 아일랜드 모두에서 제외되었다. 이에 관해서는 미첼(Mitchell, 1962), 미첼과 존스(Mitchell and Jones, 1971), 아일랜드 중앙 통계청(CSO, 1986) 자료, 영국 중앙 통계청(CSO, 1988) 자료 등을 참고하기 바란다.

▮ **표 3** 영국과 아일랜드의 인구 비교

	1821년	1986년
아일랜드	540만 명	350만 명
영국	1,420만 명	5,510만 명
인구 밀도	아일랜드의 인구 밀도가 영국보다 더 높았음.	아일랜드의 인구 밀도는 영국의 5분 1 수준에 불과함.
가설	(1) 아일랜드는 해외 이주로 국내 인구가 감소하여 1인당 소득이 '증가'하였을 것이다. (2) 영국은 아일랜드에서 대규모 이주민들이 도착하여 국내 인구가 증가하여 1인당 소득이 '감소'하였을 것이다.	
결과	실제는 상기 가설과 달랐음. (1) 1986년에 아일랜드의 1인당 소득은 증가하지 않았음. (2) 1986년에 영국의 1인당 소득은 감소하지 않았음.	

주: 역자 작성.

고 있었다. 또한, 나중에 자세히 살펴보겠지만 국가 간의 이러한 1인당 소득의 커다란 격차는 일반적으로 '인적 자본의 차이'로도 설명할 수 '없다'. 이제 이들 두 결과를 종합하면 다음 두 가지 사실이 분명해진다. 즉, (1) 미국, 영국 및 기타 여러 국가에서 아일랜드 출신 이민자들은 이들 각국에서 다른 사람들과 '비슷한' 수준의 소득을 벌고 있으며([역주] 이는 인적 자본의 차이가 국가 간의 1인당 소득의 차이에 큰 영향을 미치지 않음을 의미함), (2) '인적 자본의 차이'는 이민자들이 더 생산적인 국가(즉, 생산성이 더 높은 국가)로 이주해 갈 때 **'더 많은'** 임금을 받는다는 사실을 제대로 설명할 수 없다. 따라서 우리는 아일랜드의 1인당 소득을 결정짓는 주요 요인이 '노동자(인구) 대비 토지 비율이 아니다'라는 사실을 확실히 알 수 있다. ([역주] 이는 아일랜드 사람들이 1821년과 1986년 사이에 영국으로 대규모 해외 이주를 가서 국내에서 토지 부족 또는 인구 과잉 문제가 크게 해소되었지만, 아일랜드의 1인당 소득은 빠르게 증가하지 '않았기' 때문이다.)

둘째로, 1890년경 미국 국경이 폐쇄되고 1920년대 초 미국의 이민 제한 조치가 시행될 때까지(즉, 1890년경~1920년대 초) 있었던 '유럽인들의 미국으로의 대규모 이주'에 대해 살펴보기로 하자. 위에서 설명한 '노동에 대한 수확(한계생산물) 체감'이 경제성장의 상당 부분을 차지한다면, 이러한 대규모 이주(즉, 유럽인들의 미국으로의 대규모 이주)가 미국과 유럽 간의 1인당 소득 격차를 점진적으로 '감소시키는' 결과를 초래했어야만 하였을 것이다. 사실은 어떤가? 실제로 미국은 19세기에(즉, 유럽인들이 미국으로 대규모 이주한 이후에) 비해 1910년과 1920년에(즉, 유럽인들이 미국으로 대규모 이주하기 이전에) 여러 유럽 국가들보다 1인당 소득에서 더 큰 우위를 차지하였었다. 놀랍게도 많은 유럽 국가들은 유럽인들이 미국으로 대규모 이주하였던 19세기에는 미국과의 1인당 소득 격차를 좁히지 **못하였다**. 그러나 그러한 유럽 국가들은 1920년대 초가 아니라 1945년 이후 몇 년 동안 미국과의 1인당 소득 격차를 거의 좁힐 수 있었다. 왜 그런가? 많은 유럽 국가들은 1945년 이후에는 (1) 유럽인들의 미국으로의 이주가 비교적 적었고, (2) 유럽으로의 이주자들과 외국인 노동자들(guest workers; 초청 노동자)이 유럽으로 대량 유입되어 유럽 국가들의 소득이 낮아졌어야만 하였기 때문이었다. 또한, 제2차 세계대전이 끝나고 동독과 서독 간에 베를린 장벽(Berlin wall)이 건설될 때까지 동독에서 서독으로 상당한 인구 이동이 있었다. 그러나 이러한 인구 이동은 양국 간의 소득 수준을 균등하게 만들지는 **못하였다**.

셋째, 막을 수 없을 정도로 일어나고 있는 '라틴 아메리카에서 미국으로의 이주'(합법적인 이주와 불법적인 이주를 모두 포함) 흐름도 고려해 보자. 앞에서 설명한 '토지 및 기타 천연자원에 대한 수확 체감'이 '멕시코와 미국 간의 1인당 소득 차이'의 주요 요인이라면, 그러한 이주가 '가장 많이 이루어졌던 시기'에는 분명히 양국 간의 1인당 소득 차이가 현저히 감소했어야만 하였을 것이다. 그러나 그러한 이주로 양국 간의 1인당 소득 격차는 감소하지 **않았다**. 이에 대한 실증적 증거는 있는가?

고립된 새로운 노동시장으로 이동한 비교적 대규모 이민에 대한 여러 상세한 실증적 연구들은 우리가 방금 논의한 '대규모 이민들'과 동일한 결론을 보여 주었다. 예를 들면, (1) 카드(D. Card, 1990)는 마리엘 보트리프트[32](Mariel boatlift; 1980년 미국의 대규모 쿠바 난민 수용 프로젝트)가 마이애미 현지인들의 임금에 미친 영향을 분석하였고, (2) 헌트(J. Hunt, 1992)는 알제리 출신 프랑스 노동자들의 남부 프랑스로의 귀환을 조사하였고, (3) 캐링턴과 데 리마(W. Carrington and P.

32 [역주] 마리엘 보트리프트란 1980년 4월 15일에서 10월 31일 사이에 쿠바의 마리엘 항구(Mariel Harbor)에서 미국으로 이주한 쿠바인들의 대량 이민 사건을 말한다.

De Lima, 1996)는 포르투갈이 식민지를 상실한 후 앙골라와 모잠비크에서 귀환한 사람들을 연구하였다. 이러한 연구들은 모두 대규모 이민이 현지인들(즉, 도착지 노동자들)의 임금을 하락시키지 '않았다'라는 사실을 보여 주었다.[33]

아마도 어떤 경우에는 어느 한 빈곤한 국가에 인구가 거의 남아 있지 않을 때 [그림 1]에 표시된 두 곡선이 교차할 수도 있을 것이다. 아니면 두 곡선이 아예 교차하지 않을 수도 있을 것이다. 심지어 빈곤한 국가에서 '마지막으로 불을 끄고 떠난 사람'이라도 이주 후에는 더 높은 임금을 받을 수 있기 때문이다.

6. 인구 밀도에 대한 기대와 다른 놀라운 증거

이제 (1) 지금까지 살펴본 '이주에 따른 토지/노동력(또는 토지/인구) 비율(즉, 1인당 토지 면적)의 변화'에서 벗어나 (2) '특정 시점에서의 노동력/토지(또는 인구/토지) 비율'(즉, 토지 단위 면적당 인구수 비율)에 대한 국가 간 횡단면(橫斷面) 증거(자료)로 초점을 바꾸어 보기로 하자. 이상적으로는 '세계 각국의 천연자원 부존량'을 측정하는 지표가 있으면 좋을 것이다. 그러한 지표는 천연자원의 국제 가격 변동을 고

33 [원문 각주 9] 나는 이러한 연구들을 나에게 친절히 알려 준 앨런 크루거(Alan Krueger) 박사께 깊이 감사를 드린다.

려하여 때때로 조정되어야 한다. 즉, 어느 한 국가가 자국이 상대적으로 풍부하게 보유한 '천연자원의 가격'이 상승하거나 하락할 때 해당 국가의 '천연자원 부존량 지표의 가치'도 변화될 것이다. 그러나 이러한 지수가 없으므로 우리는 그 대안으로 각국의 '인구 밀도'를 살펴볼 것이다. 다행히 인구와 면적에 대한 데이터를 보유한 국가들의 수가 매우 많기 때문에 각국의 인구 밀도만으로도 유익한 정보를 얻을 수 있을 것이다.

인구 밀도가 가장 높은 국가 중 다수의 국가는 1인당 소득이 높고, 많은 빈곤한 국가들은 인구 밀도가 낮다([역주] 즉, 인구 밀도가 낮은 국가 중 다수의 국가는 1인당 소득이 낮은 빈곤한 국가들이다). 예를 들면, 아르헨티나는 1인당 소득이 가장 높은 국가 중 하나였으나 제3세계 국가로 추락한 국가로 1제곱킬로미터당 11명(즉, 인구 밀도=11명)이 거주하고 있다. 브라질의 인구 밀도는 16명, 케냐의 인구 밀도는 25명, 자이르의 인구 밀도는 13명이다. 관개 농업이 발달한 대부분의 국가들처럼 인도도 인구 밀도가 높으며, 1제곱킬로미터당 233명이 살고 있다. 그러나 고소득 국가인 서독은 1제곱킬로미터당 246명이 거주하고 있으며, 인도보다 인구 밀도가 더 높다. 벨기에와 일본은 각각 1제곱킬로미터당 322명과 325명이 거주하고 있으며, 인도보다 인구 밀도가 0.5배 더 높다. 네덜란드는 1제곱킬로미터당 357명이 거주하고 있으며, 벨기에와 일본보다 더 높은 인구 밀도를 가지고 있다. 마지막으로, 싱가포르의 인구 밀도는 1제곱킬로미터당 4,185명이며,

홍콩의 인구 밀도는 1제곱킬로미터당 5,000명 이상이다(이들 수치는 UN(1986) 자료를 참고함). 싱가포르와 홍콩은 인구 밀도가 매우 높은 작은 국가들로서 가장 빈곤한 국가들보다 1인당 소득이 10배나 더 높다(또한, 이 책을 쓰는 당시에도 싱가포르와 홍콩은 인구 밀도가 높은 다른 여러 국가와 마찬가지로 이민자들이 당국의 통제망을 뚫고 들어올 수 있는 한 그들을 계속 받아들이고 있다).

위에서 열거한 사례들은 예외일 수 있으므로, 입수 가능한 데이터가 있는 모든 국가를 고려하여 '인구 밀도와 1인당 소득 간의 전반적인 상관관계'를 파악하고 간략히 서술할 필요가 있다. 본 논의의 목적은 그러한 상관관계를 서술(설명)하는 데 있으며, 이 과정에서 인과적(因果的) 추론을 피하는 데 주의한다면 '단일변수 회귀분석'을 통해 사용 가능한 데이터를 설명할 수 있다. 즉, '실질 1인당 소득'의 자연로그(natural log)를 종속변수로, '1제곱킬로미터당 인구수'(즉, 인구 밀도)의 자연로그를 '설명'(독립)변수로 하는 단일변수 회귀분석을 수행해 볼 수 있다. 한 국가의 1인당 소득은 분명히 많은 요인에 영향을 받을 것이며, 그로 인해 모든 중요한 결정 요인들을 고려하지 않는 통계적 검정식은 '잘못 표기된'(misspecified) 것이므로, 검정 결과를 서술적(설명적) 및 '상관관계 발견적(heuristic)' 목적으로만 사용해야 한다. 그럼에도 불구하고, 이 두 변수 사이에 **양**(+)의 상관관계와 통계적으로 유의(有意)한 관계가 존재한다는 점은 흥미로울 뿐만 아니라 대부분의 사람들에게는 '놀라운' 결과([역주] 양(+)의 상관관계가 존재

표 4 인구 밀도와 1인당 소득 비교

국가	인구 밀도 (1제곱킬로미터당 인구수)	1인당 소득
아르헨티나	11명	낮음
브라질	16명	낮음
케냐	25명	낮음
자이르	13명	낮음
인도	233명	낮음
서독	246명	높음
벨기에	322명	높음
일본	325명	높음
네덜란드	357명	높음
싱가포르	4,185명	높음
홍콩	5,000명	높음

주: 역자 작성.

하다니!)이다. 즉, "1제곱킬로미터당 거주하는 인구가 **많을수록**(즉, 인구 밀도가 **높을수록**) 1인당 소득이 **더 높게**" 나타났다. 이러한 회귀분석(regression) 결과는 다음과 같다[34]:

1인당 GDP = 6.986 + 0.1746 × 인구 밀도

(R^2 = 0.05, t통계값 = 2.7(유의함))

34 [역주] 이 결과는 원래 원문의 각주 10에 기술되어 있었으나 효과적인 설명을 위해 역자가 이 책에서는 본문으로 옮겼다.

경제학 이론에서 생산요소에 대한 '수확 체감의 법칙'은 명백히 사실이다. 그러나 어느 한 국가에서 '토지 부존량이 더 많다고 해서 그 국가가 더 빈곤해진다'라고 가정하는 것은 터무니없는 일이다. 물론 '노동에 대한 수확 체감의 법칙'을 고려한다면 '인구 밀도'는 회귀분석에서 '음(−)의 부호'를 가져야 할 것이다: [역주] 즉, "1제곱킬로미터당 거주하는 인구(노동력)가 많을수록(즉, 인구 밀도가 높을수록) 수확 체감의 법칙에 의해 1인당 소득은 더 낮아져야 할 것"이다. 따라서 (1) 회귀분석 결과에 나타난 '잘못된' 부호(즉, 양(+)의 부호)의 원인이 무엇인지와 (2) 이를 바탕으로 최종적으로 어떤 통계적 검증을 수행해야 할지를 생각해 보는 것은 흥미로운 일이다. 우선, '인구 밀도와 1인당 소득' 사이에는 분명히 동시에 발생하는 '양방향 관계'가 존재한다는 사실을 알아야 한다: 즉, 1인당 소득 ⇄ 인구 밀도. 왜 그런가? (1) '1인당 소득 수준'은 '인구 증가'에 영향을 미치며, 또한 동시에 (2) '인구(노동력) 증가'도 노동에 대한 수확 체감을 통해 '1인당 소득'에 영향을 미치기 때문이다. ([역주] 즉, '1인당 소득 수준'이 증가하면 '인구가 증가'하고, 또한 (2) '인구(노동력) 증가'는 노동에 대한 수확 체감을 통해 '1인당 소득'이 감소한다.)

이 장에서의 논의는 (1) '우수한 경제정책과 제도를 채택한 국가들'이 '열악한 경제정책과 제도를 채택한 국가들'보다 1인당 소득이 더 높은 경향이 있으며, 또한 (2) 1인당 소득이 더 높으면 '더 많은 이민 발생과 더 낮은 사망률'로 인해 해당 국가의 '인구 증가를 높이는'

결과를 초래한다는 점을 제시하는 데 있다. ([역주] 그러나 동시에 '인구(노동력) 증가'는 노동에 대한 수확 체감을 통해 해당 국가의 '1인당 소득을 감소'시킨다. 이러한 양방향 관계는 다음과 같이 요약할 수 있다: 즉, 우수한 경제정책과 제도를 채택한 국가들이→1인당 소득이 더 높고→그러한 국가들로의 이민 증가와 사망률 감소를 통해 인구 증가를 높이고(한 방향)→동시에 인구(노동력) 증가는 노동에 대한 수확 체감을 통해 해당 국가의 1인당 소득을 감소시킨다(다른 방향).) 양방향을 비교해 보면 순(net) 효과 면에서 "우수한 경제정책과 제도가 '1인당 소득을 증가'시키는 효과"가 "인구(노동력) 증가와 그에 따른 노동에 대한 수확 체감이 '1인당 소득을 감소'시키는 경향"을 압도할 것이다: [역주] 즉, 우수한 경제정책과 제도를 채택한 국가들에서 "우수한 경제정책과 제도가 '1인당 소득을 증가'시키는 효과"가 "인구(노동력) 증가와 그에 따른 노동에 대한 수확 체감이 '1인당 소득을 감소'시키는 경향"보다 훨씬 더 클 것이다. 흥미롭게도 이러한 가설은 많은 실증적 연구들이 '인구 증가율과 1인당 소득 증가 사이에 음(-)의 상관관계가 존재함'을 보여 주지 '못한' 이유를 설명하는 데에도 사용될 수 있다. ([역주] 바꾸어 말하면, 이 가설은 많은 실증적 연구들에서 '인구 증가율과 1인당 소득 증가 사이에 양(+)의 상관관계'가 나타나는 이유를 설명하는 데에도 유용하다. 즉, '우수한 경제정책과 제도가 1인당 소득을 증가시키는 효과'가 '인구(노동력) 증가와 그에 따른 노동에 대한 수확 체감이 1인당 소득을 감소시키는 경향'보다 훨씬 더 크기 때문에 인구 증가율과 1인당 소득 증가 사이에 양(+)의 상관관계가 나타난다.)

마지막으로, '인구 대비(對比) 천연자원이나 토지 비율'(즉, 1인당 토지(천연자원) 비율)이 '국가 간 1인당 소득'의 차이를 설명하지 '못하는' 이유 중 하나는 오늘날 대부분의 경제활동 및 생산활동이 '원재료(천연자원) 매장량과 경작지'에서 쉽게 분리되어 이루어질 수 있기 때문이다. 또한, 시간이 지남에 따라 천연자원 이동에 필요한 운송 기술들이 크게 발전해 왔으며, 중량(重量)에 비해 가치가 높은 제품들(예를 들어, 대부분의 서비스 활동, 컴퓨터나 비행기 같은 고부가가치 제조품들)이 더 중요하게 되었기 때문이다. 예를 들면, (1) 미국의 실리콘 밸리(Silicon Valley; 미국 캘리포니아주(州) 샌프란시스코 남동부 지역으로 컴퓨터 및 전자 산업체가 많이 모여 있음)가 컴퓨터 제조에 중요한 이유는 실리콘[35](silicon) 매장량 때문이 아니며, (2) 영국의 런던과 스위스의 취리히가 금융 중심지가 된 것도 비옥한 토지 때문이 아니다. 다음으로, 대충 겉으로만 살펴보아도 대부분의 현대 제조업 및 서비스 수출은 천연자원과 밀접한 관련이 '없다'는 사실을 알 수 있다. 예를 들면, (1) 서유럽은 현재 '인구 대비 천연자원 비율'이 높지 않지만, 제조품과 서비스 수출에서 매우 중요한 위치를 차지하고 있다. 또한, (2) 일본은 '1인당 천연자원 보유량'이 비교적 적지만, 제조품의 수출 강국이다. (3) 홍콩과 싱가포르의 제조업 분야에서의 놀라운 성공은 그들의 천연자원의 부존량으로 설명할 수 없다.

35 [역주] 실리콘이란 규소 유기 화합물의 중합체(重合體)를 총칭하는 말이다. 300℃의 고온이나 영하 60℃의 저온에도 견디고, 전기 절연성도 좋아 응용 범위가 넓다.

7. 자본에 대한 수익(한계생산물) 체감과 자본 이동

우리는 위에서 (1) (전통적인 가설과 달리) '노동의 대규모 이주가 노동의 한계생산성(보수)을 변화시키지 않는다'(이러한 결과는 두 국가가 신고전학파 총생산함수의 경계선상에 있을 때 발생할 수 있다)는 사실과 (2) 주어진 노동력(인구)이 토지를 '더 적게' 소유한(즉, 노동력 대비 토지 비율이 낮은) 국가들에서 평균적으로 '더 높은 임금'을 받는다는 실증적 증거도 있다는 점을 살펴보았다. 이제 우리는 (1) '국가 간의 자본 배분'과 (2) 자본 집약도가 높은 국가와 낮은 국가 간([역주] 즉, '자본 집약도'의 차이를 바탕으로 국가 간)의 자본 투자 및 자본 이동 패턴이 전통적인 가정과 크게 '모순된다'라는 사실을 살펴보고자 한다. 신고전학파의 전통적인 가정에 따르면, 국가들은 신고전학파 총생산함수의 경계선상에 있다고 가정한다.

앞의 [그림 1]로 돌아가서 수평축 및 수직축과 곡선의 이름을 바꾸면 이러한 사실(즉, 모순점)을 바로 알 수 있다. 이를 위해 (1) [그림 1]의 수평축(가로축)을 따라 표시된 '세계 총노동공급량'을 '세계 총자본량'으로 대체하고, (2) 북쪽 지역과 남쪽 지역의 노동량과 천연자원량이 변하지(즉, 증가 또는 감소하지) 않는다(즉, 다른 모든 것은 동일하다)고 가정하면, [그림 2]을 사용하여 '노동에 대한 보수 체감'(diminishing returns to labor)을 살펴보았을 때(즉, [그림 1])와 같이 '자본에 대한 수익 체감'(diminishing returns to capital)도 분석할 수 있다.

모두가 알다시피 1인당 소득이 높은 국가들은 1인당 소득이 낮은 국가들에 비해 생산에 사용되는 '자본 집약도'가 비교할 수 없을 정도로 매우 높다. 제3세계 국가들(후진국들)은 자본이 부족하여 생산에 비교적 자본을 적게 사용하고(즉, 생산에 자본 집약도가 낮고), 제1세계 국가들(선진국들)은 자본이 풍부하다(즉, 생산에 자본 집약도가 높다). 특히 전 세계 자본량의 대부분이 제1세계 국가(선진국)인 북미, 서유럽, 일본에 "집중"되어 있다.

세계 각국이 신고전학파 총생산함수(또는 생산가능곡선)의 경계선상에 있다([역주] 즉, 생산요소가 효율적으로 사용된다)고 가정하면 자연히 '자본의 한계생산물'(MP_K; 즉, 자본에 대한 수익)은 (자본이 풍부한) 고소득 국가에서보다 (자본이 희소한) 저소득 국가에서 몇 배 '더 높을' 것이다. 이러한 주장(가설)은 사실인가? 루카스(Lucas, 1990)[36]는 다소 다른 분석 모형하에서 미국과 인도에서 '예상되는' 자본의 한계생산물을 실증적으로 계산하였다.[37] 루카스는 한 명의 인도 노동자와 한 명의 미국 노동자가 동일한 노동량과 노동의 질을 공급한다면([역주] 이는 곧 경

36 [역주] Lucas, Robert, "Why Doesn't Capital Flow from Rich to Poor Countries?," *American Economic Review*, May 1990, Vol. 80, pp. 92~96.

37 [원문 각주 11] 루카스의 계산은 '솔로의 장기 성장이론'을 바탕으로 이루어졌다. '모든 사회(국가)들이 신고전학파의 총생산함수의 경계선상에 위치해 있다는 가정'과 '실제로 관찰되는 현상' 사이의 모순(불일치)을 가장 명확하고 단순하게 설명하기 위해 나는 단일 시점에만 초점을 맞추고, 솔로가 실증적 추정을 위해 수립한 모형을 사용하였다. 따라서 여러 국가의 성장 경로를 살펴보는 것은 본 논의에 별다른 통찰을 제시해 주지 못할 것이다.

그림 2 자본량 분포와 자본에 대한 수익(한계생산물) 및 이자율의 차이

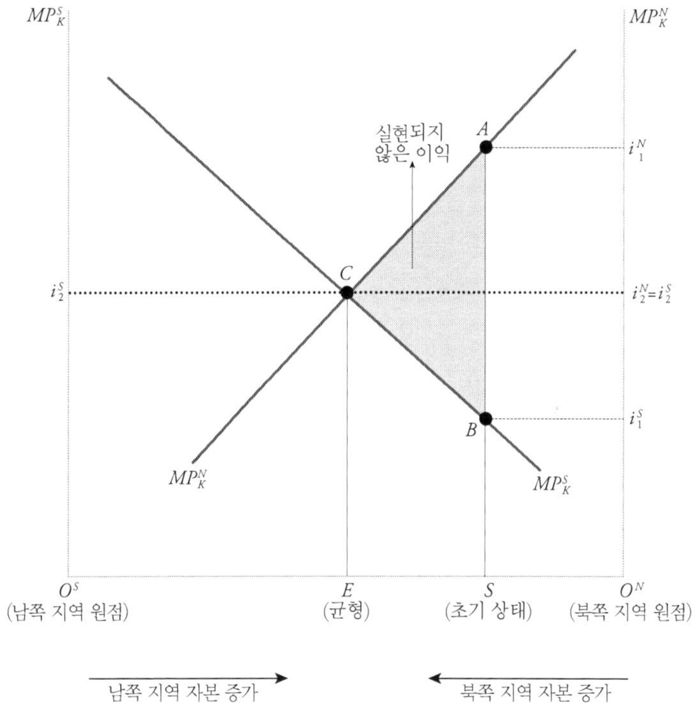

주: 역자 작성.

제학에서 ceteris paribus, 즉 다른 모든 조건이 동일하다라는 가정을 의미함) 인도의 자본의 한계생산물(또는 수익률)은 미국보다 '**58배 더 높다**'라고 추정하였다. 심지어 루카스가 미국 노동자 **한 명**이 인도 노동자 **5명**이 공급하는 만큼의 노동력을 공급한다고 가정[38]하더라도 인도의 자본

에 대한 예상 수익률(한계생산물)은 여전히 미국의 자본에 대한 예상 수익률의 **'몇 배수'**라고 추정하였다([역주] 그럼에도 실제로 자본은 미국에서 인도로 이동하지 않을 것이다!).

포트폴리오 매니저들과 다국적 기업들이 자신들의 자본을 투자하기 위해 더 수익성 높은 투자처들을 찾고 있는 상황에서 이러한 엄청난 '자본 수익률 차이'는 (자본 수익률이 낮은) 고소득 국가(선진국)에서 (자본 수익률이 높은) 저소득 국가(후진국)로 '대규모 자본 이동(capital migration)'을 초래할 것이다. 노동이 '노동이 풍부한 저임금 국가'(후진국)에서 '노동이 부족한 고임금 국가'(선진국)로 이주하기 위해 갖은 애를 쓰듯이 자본도 '자본이 풍부한 제1세계(선진국)'에서 '자본이 부족한 제3세계(후진국)'로 이동하기 위해 갖은 애를 쓸 것이다. 실제로 합리적인(이기적인) 자본 소유자들은 자신의 투자 자금을 국가 간에 효율적으로 배분하여, 자본의 한계 수익률(정확히는 '위험을 조정한 자본 수익률'을 말함)이 국가 간에 '동일'하도록 하기 때문에, 자본은 모든 국가에서 똑같이 풍부해질 것이다. 특히 헥셔[39]-올린-스톨퍼-새뮤얼슨(Heckscher-Ohlin-Stolper-Samuelson)의 발견에서 알 수 있듯이, 모든 국

38 [역주] 이는 양국에서 노동의 질이 크게 다르다는 것을 의미한다.

39 [역주] Heckscher는 스웨덴의 경제학자(1879~1952년)로 영어로는 '헥셔'로 발음되지만, 스웨덴어로 '헤크셰르'로 발음된다. 헤크셰르는 경제사가(經濟史家)로 자유무역을 주장하며 '외국무역은 한 나라의 상대적으로 희소한 생산요소의 실질보수를 비교적 불리하게 한다'는 '헤크셰르-올린의 정리'를 세웠으며, 경제사 부문의 저서로는 『중상주의』가 있다.

가가 동일한 총생산함수를 가지고 있다면 자본 이동이 없는 경우에도 때때로 '자유무역'만으로도 '요소가격 비율과 요소 집약도를 균등화'할 수 있다([역주] 이러한 발견을 국제무역론에서 '헥셔-올린-스톨퍼-새뮤얼슨 정리'[40]라고 부른다).

([역주] 전통적인 가정에 따라 모든 국가가 신고전학파 총생산함수의 경계선상에 있으면 자본은 전 세계적으로 '균등하게' 분포될 것이다.) 그러나 전 세계적으로 자본이 매우 '불균등하게' 분포되어 있다라는 사실은 '모든 국가가 신고전학파 총생산함수의 경계선상에 있다'라는 기존의 익숙한 가정과 분명히 모순된다. 왜 그런가? 어느 한 국가가 자본시장에서 어떤 이유로 파레토 효율적이지 않으면, 해당 국가의 '자본의 한계생산물'(MP_K; 즉, 이자율)은 '세계의 자본 가격'(즉, 세계 이자율)과 같지 않을 것이며, 그 결과 그 국가는 총생산함수의 경계선상에 있지 못할 것이다.[41] 만약 어떤 국가에서 이와 같이 자본의 한계생산물(MP_K)이 세계의 자본 가격(즉, 세계 이자율(i))과 같지 않음($MP_K \neq i$)으로써 '일물일가(一物一價)의 법칙[42](law-of-one-price; 일물동가(一物同價)의 법칙) 조건'을 충

40 [역주] 즉, Heckscher-Ohlin-Stolper-Samuelson Theorem.

41 [원문 각주 12] 제3세계 경제들은 세계 경제에 비해 규모가 '작기'(즉, 소국(小國) 경제이기) 때문에 그들 중 어느 경제도 자본의 세계 가격을 '변화시킬 수 없다'라고 가정하는 것이 합리적이다. 따라서 해당 국가의 자본의 한계비용은 자본 가격(즉, 이자율)과 같을(즉, $MC_k=i$) 것이다.

42 [역주] 동일한 제품은 그 가격이 어떤 통화단위로 표시되든 동일한 가격으로 판매되어야 한다는 것을 말한다. 동일한 시점, 동일한 시장에서 동종·동질의 품질에 대해서는 오직 '하나의 균형 가격'이 성립하며 판매자에 따라 가격이 다를 수 없게 된다는 것을 말한다. 그러나 동일한 제품도 일시적으로는 상이한 곳에서 다른 가격에 판매될 수 있다.

족하지 못하였다면, 해당 국가는 (1) 해외에서 세계 이자율로 자본을 차입하여, (2) 국내에 투자해 더 높은 자본의 한계생산물을 얻어(즉, $MP_K > i$), (3) 그 차액(差額)을 챙김으로써 얻을 수 있는 이익을 '놓치게' 될 것이다. 이는 곧 그 국가가 총생산함수의 경계선상에 있지 못함으로써 막대한 금액의 지폐를 '보도 위에 버리는 것'과 같을 것이다. 따라서 전 세계의 자본 스톡이 국가 간에 매우 불균등하게 배분될 것이다. 이는 빈곤한 국가들이 그들의 총생산함수의 경계선상에 있지 '못하거나' 경계선 근처에도 이르지 '못할' 것이라는 점을 증명해 준다.

하버거(Harberger, 1978)의 연구 결과[43]와 다른 증거들에서 추론할 수 있듯이, 종종 저소득 국가들은 '자본의 희소성'(capital scarcity)으로 얻을 수 있는 높은 수익률을 제대로 얻지 '못하고' 있다. 왜 그런가? 이는 저소득 국가들이 채택하는 경제정책과 제도가 가진 '결함' 때문이다. 때때로 빈곤국들의 경제정책과 제도의 결함은 (1) 외국인 투자자와 외국 기업을 환영하지 않게 하거나, (2) 국내 소유 자본의 해외 유출이나 도피를 유발하거나, (3) 이들 국가에 대한 대출을 매우 위험하게 만드는 요인들이 된다. 어느 한 국가의 정책적 및 제도적 결함들은 (1) 그 국가가 자본의 희소성에 상응하는 생산성(즉, 자본의 한계생산물 또는 자본 수익률)을 획득하지 못하게 하거나, (2) 국가 간 자본

43 [역주] Harberger, Arnold, "Perspectives on Capital and Technology in Less Developed Countries," in Artis, M. and A. Nobay, eds., *Contemporary Economic Analysis*, London: Croom Helm, 1978, pp. 12~72.

의 한계생산물(MP_K)을 균등하게 만드는 투자와 대출을 저해할 것이다. 그 결과가 어떻든 한 국가의 정책적 및 제도적 결함들은 결국 그 국가의 잠재력을 실현하지 '못하게' 할 것이다!

또한, 자본과 노동이 '같은 방향으로' 이동하는 현상은 결코 드문 경우가 아니다! 자본과 노동 모두 때때로 어느 한 국가에서 빠져나와 '동일한' 국가로 이동하는 경우를 볼 수 있다. 물론 국가들이 자신의 총생산함수의 경계선상에 있는 세계에서는 자본과 노동이 '반대 방향'으로 이동할 것이다.[44]

마지막으로, (1) 세계 각국에 자본이 매우 불균등하게 배분되고, (2) '자본의 이동성'과 '각국의 경제정책 및 제도' 간에 강력한 관계가 존재한다고 할 때, 자본 스톡은 합리적인 경제발전 이론에서는 결코 '외생적인' 변수로 간주될 수 없다.

44 [원문 각주 13] 자본과 노동만 존재하는 신고전학파 세계에서 자본과 노동은 필연적으로 '반대 방향'으로 움직일 것이다. 그러나 '토지나 다른 천연자원에 대한 불균형'이 존재할 경우에 자본과 노동 모두 이러한 불균형을 교정하기 위해 '같은 방향'으로 움직일 수 있다.

8. 사적재적 인적 자본과 공공재적 인적 자본 간의 구분: 개인 문화 대 시민 문화

앞에서 루카스(1990)가 제시한 인도와 미국의 자본의 한계생산물에 대한 계산에서 '노동자 1인당 인적 자본[45]의 양'([역주] 예를 들면, 국가 간 각 노동자당 교육 수준)을 조정(즉, 노동에서 '인적 자본'을 분리)함으로써 우리는 다음과 같은 하나의 일반적인 문제를 제기할 수 있다. 즉, 국가 간 '1인당 소득의 커다란 차이'가 주로 '세 번째(새로운) 총계적 요소인 노동의 차이', 즉 국가 간 '1인당 **인적** 자본(human capital per capita)의 차이'로 설명될 수 있는가? 여기서 '인적 자본'은 다양한 사람들의 문화적 또는 기타 특성들과 그들이 가진 기술(skill) 등을 포함하는 것으로 광범위하게 이해된다. 예를 들어, 한 사회(국가)의 직업 기술이나 교육의 형태로 측정된 '인적 자본의 평균 수준'은 분명히 그 사회(국가)의 1인당 소득 수준에 영향을 미칠 것이다.

또한, 많은 사람은 부유한 국가들의 높은 소득이 부분적으로는 이들 국가의 사람들이 경제적 기회들에 능숙하게 대응할 수 있게 하

45 [역주] 인적 자본이란 개인이나 인구가 보유한 기술, 지식, 경험을 말한다(the skills, knowledge, and experience possessed by an individual or population). 인간이 교육과 훈련을 통하여 몸속에 축적시킨 지식, 기술, 창의력 등은 마치 기계가 가진 생산력과 동등한 역할을 하는데, 이때 '물적 자본'인 기계가 가진 생산력과 비슷하게 '인간의 몸에 갖추어진 생산력'을 말한다. 또한, 인적 자본에 대해 일정 기간 동안 학교 교육, 건강 유지를 위한 지출, 정보 수집을 위한 활동, 직업 훈련 등을 받는 행위 등을 '인적 자본 투자'라 한다.

는 '문화적 또는 인종적 특성' 때문이라고 주장한다. 즉, 부유한 국가들의 사람들은 "프로테스탄티즘의 윤리"(Protestant ethic; [역주] 노동에의 헌신·근면·검약·노동의 성과 등을 강조하는 것으로 자본주의 사회의 지배적 윤리임) 또는 기타 '문화적 또는 민족적 특성'으로 인해 근면하게 일하고, 검소하게 저축하며, 창의적인 기업가가 될 수 있다는 것이다. 반면에 빈곤한 국가들은 이러한 특성들이 부족하기 때문에 빈곤하다고 여겨진다.[46] 많은 사람은 또한 빈곤을 영속화하는 문화적 특성들은 수 세기에 걸친 사회적 축적의 결과들이며, 그로 인해 단기간에 바꿀 수 없다고 주장한다.

안타깝게도 '문화가 경제발전에 중요하다'라는 주장은 그럴듯해 보이지만 모호(模糊)하다고 할 수 있다. "문화"[47](文化)라는 단어는 다양한 학문 분야에서 널리 사용되지만, 하나의 총생산함수 내에서 '독립적인 변수'로서 다른 변수들과 비교할 수 있을 정도로 정확하게 정의되지는 못해 왔다. 여기서 우리는 문화를 '두 가지 다른 유형의 인적 자본'으로 구분함으로써 본 연구의 목적에 적합한 문화 개념을 좀 더 구체적으로 파악할 수 있다.

첫째, 어떤 유형의 인적 자본은 분명히 '시장성'(市場性, marketable;

46 [원문 각주 14] 예를 들면, Landes(1990)는 미국경제학회에서 주관하는 '엘리 강연'(Ely Lecture)에서 이와 같은 주장을 펼쳤다: Landes, David, "Why are We So Rich and They So Poor?," *American Economic Review*, May 1990, Vol. 80, pp. 1~13.

47 [역주] 문화란 진리를 구하고 끊임없이 진보·향상하려는 인간의 정신적 활동, 또는 그에 따른 정신적·물질적인 성과를 말한다.

시장에서 팔 수 있는)이 있다. 예를 들어, 어떤 사람이 (1) 더 많은 기술을 가지고 있거나, (2) 더 열심히 일하려는 성향(性向)이 있거나, (3) 더 많이 저축하려는 성향이 있거나, (4) 더 기업가적인 기질을 가지고 있다면, 이러한 특성은 일반적으로 해당 개인의 금전적 수입이나 화폐 소득을 증가시킬 것이다. 따라서 어느 한 개인이 지닌 이러한 기술, 성향, 기질 또는 문화적 특성들은 (1) 생산 투입물의 양이나 질에 영향을 미칠 뿐만 아니라 (2) 해당 개인이 시장에서 판매할 수 있다. 나는 이러한 기술, 성향, 기질 또는 문화적 특성들을 "사적재적 인적 자본"(private good human capital), 또는 "시장성 있는 인적 자본"(marketable human capital; 시장에서 판매할 수 있는 인적 자본), 또는 동의어로 "개인 문화"(personal culture)라고 부르기로 한다. 막스 베버(Max Weber)가 제시한 '프로테스탄티즘의 윤리'는 곧 '시장성 있는 인적 자본' 또는 '개인 문화'를 말한다.

다음으로, 두 번째 유형의 문화 또는 인적 자본은 사람들이 (1) 어떻게 투표해야 하는지(즉, 어느 후보자에게 투표해야 하는지)를 결정하는 데 필요한 '정보'나 '지식', 또는 (2) 어떤 공공정책을 선택해야 할지 결정하는 데 필요한 '정보'나 '지식'을 생각해 보면 분명해진다. 어느 한 사회에서 많은 유권자가 다양한 공공정책들이 초래하는 실제 결과들에 대해 더 많은 관심과 정보나 지식을 습득하면 공공정책은 더 나아질 것이고, (개인이 아니라) 그 사회의 실질 소득이 증가할 것이다. 민주적 사회에서 올바른 지도자(예, 대통령이나 국회의원)나 공공정책을 선택하려면 더 나은 정보나 지식이 필요하다. 그러나 어떤 지도자나 공공정책에 대한 '더 나은 지식'은 일종의 '공공재'로서 일반적으로 시장에서 구매할 수 없다. 경제정책과 제도가 외생적으로 **주어진**(given; 즉, 내생적으로 결정되지 않는) 어느 한 사회에서 경제정책과 제도에 대한 정보나 지식의 습득은 일반적으로 어느 한 개인의 임금이나 소득에 아무런 영향을 미치지 않는다. 즉, 어느 한 개인이 경제정책과 제도에 대해 더 많이 알수록 그의 임금이나 소득이 증가하는 것은 아니다! 그러므로 공공정책과 제도에 대한 '더 나은 지식'은 사적재 또는 '시장에서 구매할 수 있는 재화'라기보다는 ('시장에서 구매할 수 없는') '공공재'이다. 따라서 나는 이러한 두 번째 유형의 인적 자본을 "공공재적 인적 자본"(public good human capital), 또는 "시장성 없는 인적 자본"(non-marketable human capital; 시장에서 구매할 수 없는 인적 자본),

표 5 인적 자본의 유형

유형	사적재적 인적 자본	공공재적 인적 자본
문화	개인 문화	시민 문화
시장성	(1) 시장성 있는 인적 자본 (시장에서 판매할 수 있는 인적 자본) (2) 사적재	(1) 시장성 없는 인적 자본 (시장에서 구매할 수 없는 인적 자본) (2) 공공재
특징	개인의 소득이나 임금을 증가시킴.	개인의 소득이나 임금을 증가시키지 못함.
예	프로테스탄티즘 윤리	공공정책에 대한 지식이나 정보

주: 역자 작성.

표 6 인적 자본의 유형과 개인 소득에 미치는 영향

유형	특징	개인의 소득에 미치는 영향
시장성 있는 인적 자본 =사적재적 인적 자본 =개인 문화	시장에서 판매 가능함.	– '주어진' 공공정책과 제도하에서(즉, 공공정책과 제도 변화 없이)→보유한 해당 개인의 소득을 증가시킴.
시장성 없는 인적 자본 =공공재적 인적 자본 =시민 문화	시장에서 판매 불가능함.	– '주어진' 공공정책과 제도하에서(즉, 공공정책과 제도 변화 없이)→보유한 해당 개인의 소득을 증가시키지 못함. – 공공정책과 제도의 '변화'(예, '좋은' 공공정책과 제도 채택)를 통해→보유한 해당 개인의 소득을 증가시킬 수 있음.

주: 역자 작성.

또는 "시민 문화"(civic culture)라고 부른다. 마지막으로, (1) '시장성 있는 인적 자본'(또는 '사적재적 인적 자본')이나 '개인 문화'는 '외생적으로 주어진 제도와 공공정책하에서' 특정 기술, 성향, 기질 또는 문화적 특성들을 소유한 어느 한 개인의 시장소득을 증가시키는 반면, (2) '공공재적 인적 자본'(또는 '시장성 없는 인적 자본')이나 '시민 문화'는 일반적으로 시장성이 없으므로 '주어진 제도와 공공정책하에서는' 개인의 시장소득을 증가시키지 못할 것이다. 그러나 공공재적 인적 자본이나 시민 문화는 공공정책과 제도에 영향을 미침으로써(예를 들면, 좋은 공공정책과 제도를 채택함으로써) 간접적으로 사람들의 소득에 영향(증가)을 미칠 수 있다.

'시장성 있는 인적 자본'(또는 '사적재적 인적 자본')과 '공공재적 인적 자본' 간의 구분을 통해 우리는 몇 가지 자연 실험에서 중요한 진실

들을 얻을 수 있다. 이에 대해서는 다음 장에서 다룬다.

9. 이주 실험: 자연 실험, 사고 실험 및 역사 실험

(1) 자연 실험

공교롭게도 '빈곤한 국가에서 부유한 국가로의 이주'는 연구자들에게 놀라운 (그리고 지금까지 이상하게도 무시되어 왔던) '자연 실험'(自然實驗)을 해볼 수 있는 흥미로운 대상을 제공해 준다. 일반적으로 어떤 세대에서나 어느 한 국가로 이주하는 사람들의 수는 너무 적어서 이주민들이 도착하는 현지국(host country)의 유권자 수나 공공정책에 큰 변화를 가져오기 어렵다. 그러나 성인(成人)이 되어 현지국에 도착한 이민자들은 출신 국가(origin country; 이민자들의 모국)의 '시장성 있는(시장에서 판매할 수 있는) 인적 자본'이나 '개인 문화'를 가지고 온다고 할 수 있다. 예를 들어, 리오그란데강을 헤엄쳐 미국으로 온 어떤 라틴아메리카 사람들이 미국에 도착하자마자 '프로테스탄티즘의 윤리'로 즉시 세례(洗禮)[48]를 받는 것은 아니다. 이민자들은 점차 시간이 지나면 현지국의 문화를 습득할 수 있지만, 민족의 문화적 또는 기타 특

48 [역주] 세례란 입교(入敎)하려는 사람에게 죄악을 씻는 표시로 행하는 의식을 말하며, 물세례와 성령세례가 있다.

성을 강조하는 이론들의 기본 취지는 사람들이 여러 세대에 걸쳐 축적된 사회화(社會化)[49]를 지우는 데 시간이 걸린다는 점이다. 어떤 민족의 문화적 또는 기타 특성들이 하룻밤 사이에 바뀔 수 있다면 그러한 특성들은 발전에 큰 장애물이 되지 않을 것이다. 따라서 새로 도착한 이민자들은 이주하기 전과 거의 동일한 '시장성 있는 인적 자본'(또는 '사적재적 인적 자본')이나 '개인 문화'를 그대로 가지고 있을 것이다. 그러나 새로 도착한 이민자들이 갖게 될 새로운 기회들을 결정하는 제도와 공공정책은 모국이 아닌 바로 '현지국'의 제도와 공공정책이다. 즉, 이민자들은 현지국의 '제도와 공공정책'을 통해 새로운 기회들을 잡게 될 것이다. 이러한 주장에 대한 증거가 있는가? 예를 들면, 적어도 미국으로의 이주의 경우, 빈곤한 국가들에서 미국에 새로 도착한 이민자들에 대한 데이터(자료)를 통해 충분히 몇 가지 즉각적인 결론을 내릴 수 있다. 그러한 데이터로 어떤 것이 있는가?

크리스토퍼 클라그(Christopher Clague, 1991)는 보르하스(Borjas, 1987)의 연구를 바탕으로 빈곤한 국가들에서 막 미국에 도착한 사람들이(언어와 생활조건들이 크게 다른 새로운 환경에 적응하는 데 여러 어려움을 겪었음에도 불구하고) 같은 연령, 성별, 학교 교육 연수를 가진 미국 원주민들보다 약 55% 더 많은 소득을 벌었다는 사실을 발견하였다.[50] 또한,

49 [역주] 사회화란 개인이 집단의 구성원으로 생활하도록 기성세대에 동화하는 것을 말한다.

50 [원문 각주 15] 보르하스(G. Borjas)는 회귀분석을 통해 '이민자들의 임금이 미국에서 시간

1인당 소득이 미국의 10분의 1(예, 아이티) 또는 5분의 1(예, 서독)에 불과한 국가들에서 온 신규 이민자들은 비슷한 조건에 있는 미국 노동자들보다 50% 이상의 더 많은 임금을 받은 것으로 나타났다.[51] 이윤 극대화를 추구하는 기업들은 이민자들이 적어도 임금만큼의 한계생산물을 생산해 내지 못하였다면 이러한 이민자들을 고용하지 않았을 것이다. 즉, 이민자들의 노동에 대한 한계생산물(MP_L)이 그들이 받는 임금(w)보다 크거나 같지(즉, $MP_L \geq w$) 않았다면 그러한 이민자들을 고용하지 않았을 것이다. 물론 이주민의 노동력은 빈곤한 국가에서보다 부유한 국가에서 '더 많은 자본'과 결합되지만, 자본 소유자들이 자신의 자본을 부유한 국가에 투자하기로 선택한 것은 우연이 아니

이 지남에 따라 어떻게 증가하는지'를 추정하였다. 클라그(C. Clague)는 보르하스의 회귀분석 결과에서 나타난 '절편항의 수치'를 '이민자들의 미국 도착 시 임금'으로 간주하였다. Clague, Christopher, "Relative Efficiency Self-Containment and Comparative Costs of Less Developed Countries," *Economic Development and Cultural Change*, April 1991, Vol. 39, No. 3, pp. 507~530.

51 [원문 각주 16] 분명히 저소득 국가들에서 다른 고소득 국가들로 이주할 때에도 다소 '유사한 패턴'이 발견될 수 있다. 터키(현재 튀르키예)와 같은 저임금 국가들이나 독일민주공화국(즉, 동독)에서 서독으로 이주한 이민자들이 서독에서 받은 '임금 상승'은 잘 알려져 있으며, 또한 여기서 제기한 '내 주장과도 일치'한다. 크루거와 피슈케(Krueger and Pischke, 1995)의 연구가 보여 주듯이 독일 통일 이후에 '서독에서 일하는 동독 노동자들'이 '동독에서 일하는 노동자들'보다 더 많은 임금을 받았다. 내가 그들이 받는 임금 수치를 분석한 결과, 이러한 이주로 인한 임금 상승은 '독일 통일 이전'보다 더 적었다. 만일 독일 정부가 '동독과 서독에 동일한 제도적 및 정책적 환경'을 조성하는 데 성공하였다면 독일 내에서 동쪽에서 서쪽으로의 이주로부터 얻을 수 있는 이익은 시간이 지남에 따라 '감소'해야만 한다. 그러나 동독과 서독의 인센티브 구조는 아직도 결코 동일하지 않다. Borjas, George, "Self-Selection and the Earnings of Immigrants," *American Economic Review*, September 1987, Vol. 77, pp. 531~553.

다. 앞에서 살펴보았듯이, 어느 한 국가에서 자본-노동 비율은 주로 그 국가의 제도와 정책에 의해 결정된다.

이제, 다음 가능성을 생각해 보자. 즉, 이민자들은 '이주하지 않은 동포들'보다 모국에서 '생산성이 더 높은 사람들'일 수 있을 것이다. 다시 말하면, 어떤 빈곤한 국가에서 생산성이 더 높은 사람들(예를 들어, 대학을 졸업한 노동자들)이 외국으로 이주할 수 있을 것이다. 그러면 앞에서 언급한 '이민자들에 대한 관찰과 설명'이 "선택 편향성"[52](selection bias) 문제(즉, 생산성이 더 높은 사람들이 이주할 가능성)를 가지고 있을지도 모른다. 실제로 빈곤한 국가들에서 '생산성이 더 높은 사람들이 이주할 가능성이 더 높을 것'이라는 경향은 "'**이민자들**'이 이주국에서 자신의 노동에 대한 한계생산물(MP_L)과 임금(w)이 '엄청나게 증가'한다"라는 점을 설명할 수 없을 것이다. 또한, 이민자들은 빈곤한 국가(모국)에서보다 부유한 국가(이주국)에서 훨씬 더 많이 생산하고, 훨씬 더 많은 소득을 획득한다. 그러므로 이민자들이 '이주하지 않은 사람들'보다 생산성이 더 높을 것이라는 경향은 이민자들이 빈곤한 국가에서 부유한 국가로 이주할 때 그 이민자들의 노동에 대한 한계생산물(MP_L)과 임금(w)이 '**증가한다**'라는 점을 제대로

52 [역주] 선택 편향성이란 실험할 때 피험자 혹은 실험을 위한 특정 대상을 뽑을 때 생기는 편향성을 말한다. 즉, 실증 분석을 위해 개인들, 집단들 또는 데이터를 선택할 때 적절한 무작위 추출이 이루어지지 않아서 추출된 표본이 분석 대상 모집단을 대표하지 못하게 됨을 말한다.

설명할 수 없을 것이다.[53] 이는 이민자들의 모국에서의 노동생산성과 '이주국(현지국)에서의 노동에 대한 한계생산물과 임금의 커다란 증가'는 아무런 관계가 없음을 의미한다. 왜 그런가? 빈곤한 국가들에서 부유한 국가들로 이주해 온 이민자들은 이주국에서 노동에 대한 한계생산물과 임금이 크게 '증가'하기 때문이다. 그러면 현실 세계에서 어떤 사람들이 이주하는가? 아무튼 개발도상국들이나 후진국들(빈곤한 국가들)은 선진국들(부유한 국가들)보다 대개 소득분배가 훨씬 더 불평등하다. 그로 인해 개발도상국들이나 후진국들에서 선진국들로 이주하려는 유인은 소득분배상 최하위 절반에서 가장 클 것이다. 이는 사실인가? 실제로, 보르하스의 연구[54]에 따르면, 후진국들에서 미국으로 이주하는 이민자들은 대개 (노동생산성이 높은 사람들이라기보다는) 후진국들의 소득분배상 '하위 계층'에 속해 있는 사람들이다(Borjas, 1990).

다음으로, (1) 빈곤한 국가들(예를 들어, 아이티)에서 온 이민자들과 부유한 국가들(예를 들어, 서독)에서 온 이민자들 간의 '생산성 차이'를 살펴본 다음, (2) 이민자의 각 출신 국가들의 '1인당 소득 차이'가 각 국민의 '시장성 있는 인적 자본(또는 '사적재적 인적 자본')이나 개인

53 [원문 각주 17] 이러한 결과를 '선택 편향성'으로 설명하려면 우리는 빈곤한 국가들에 '남아 있는 노동자들'이 이주하였다면 그들은 유사한 노동에 대한 한계생산성(즉, 임금)의 증가를 경험하지 '못하였을' 것이라고 주장해야 할 것이다.

54 [역주] Borjas, George, *Friends or Strangers: The Impact of Immigrants on the U.S. Economy*, New York: Basic Books, 1990.

문화의 차이'에 기인한 것일 가능성이 얼마나 되는지를 살펴봄으로써 유익한 시사점을 얻을 수 있을 것이다. 예를 들어, (1) 세계에서 가장 빈곤한 국가 중 하나인 아이티(서인도 제도의 공화국)에서 미국으로 이주한 이민자들과 (2) 세계에서 가장 부유한 국가 중 하나인 서독(West Germany; 1990년 통일 독일 이전의 독일연방공화국을 말함)에서 미국으로 이주한 이민자들을 비교해 보기로 하자. 먼저, 1980년 미국 인구조사 결과에 따르면, 아이티 출신 자영업(self-employed) 종사 이민자들은 미국에서 연간 평균 18,900달러를 벌었지만, 서독 출신 자영업

표 7 미국 내 두 부류의 이민자들의 연간 평균 소득 비교

<table>
<tr><th>이민자들의 종사 업종</th><th>아이티에서 온 이민자들의 연간 평균 소득</th><th>서독에서 온 이민자들의 연간 평균 소득</th><th>비교</th><th>추론</th></tr>
<tr><td>자영업 종사자의 경우</td><td>연간 18,900 달러</td><td>연간 27,300 달러</td><td>아이티 이민자들이 연간 평균적으로 서독 이민자들의 2/3 정도를 벌었음. (또는 서독 이민자들이 아이티 이민자들보다 연간 평균적으로 1.5배 정도 더 많이 벌었음.)</td><td rowspan="2">아이티 이민자들이 평균적으로 서독 이민자들보다 '시장성 있는 인적 자본이나 개인 문화'를 '더 적게' 보유하였을 것이다. (또는 서독 이민자들이 평균적으로 아이티 이민자들보다 '시장성 있는 인적 자본이나 개인 문화'를 '더 많이' 보유하였을 것이다.)</td></tr>
<tr><td>샐러리맨(봉급쟁이)의 경우</td><td>연간 10,900 달러</td><td>연간 21,900 달러</td><td>아이티 이민자들이 연간 평균적으로 서독 이민자들의 1/2 정도를 벌었음. (또는 서독 이민자들이 아이티 이민자들보다 연간 평균적으로 2배 정도 더 많이 벌었음.)</td></tr>
</table>

주: 역자 작성.

종사 이민자들은 미국에서 연간 평균 27,300달러를 번 것으로 나타났다. 다음으로, 아이티 출신 샐러리맨(salaried; 봉급쟁이) 이민자들은 미국에서 연간 평균 10,900달러를 벌었지만, 서독 출신 샐러리맨 이민자들은 미국에서 연간 평균 21,900달러를 벌었다. 아이티 출신 이민자들의 평균 소득이 미국 내 같은 환경에서 서독 이민자들의 평균 소득의 3분의 2(자영업자의 경우) 정도, 또는 절반(샐러리맨의 경우) 정도임을 알 수 있다. 이러한 통계적 결과를 바탕으로 우리는 아이티 이민자들이 서독 이민자들보다 평균적으로 '시장성 있는 인적 자본(또는 '사적재적 인적 자본')이나 개인 문화'를 '더 적게' 소유하였을 것으로 추론할 수 있다. 역으로 서독 출신의 이민자들이 아이티 출신의 이민자들보다 평균적으로 '시장성 있는 인적 자본(또는 '사적재적 인적 자본')이나 개인 문화'을 '더 많이' 소유하였을 것이라고 추론할 수 있다. 이러한 추론은 과연 옳은가?

(2) 사고 실험

이러한 결과를 바탕으로, 이제 우리는 다음과 같이 흥미 있는 '사고 실험'[55](thought experiment)을 해보기로 하자. 즉, (1) '서독이 아

55 [역주] 사고 실험(思考實驗)이란 어떤 가설을 연구하기 위하여 행하는 가상적 실험을 말한다. 즉, 머릿속에서 생각으로 진행하는 실험이다. 실험에 필요한 장치와 조건을 단순하게 가정한 후 이론을 바탕으로 일어날 현상을 예측한다. 실제로 만들 수 없는 장치나 조

이티와 동일한 제도와 경제정책을 가지고 있었다면 서독인들은 얼마나 생산하였을지'([역주] 더 적게 생산하였을지; 사고 실험 1), 반대로 (2) '아이티가 서독과 동일한 제도와 경제정책을 가지고 있었다면 아이티인들은 얼마나 생산하였을지'([역주] 더 많이 생산하였을지; 사고 실험 2)를 물어보는 사고 실험을 해보기로 하자. 먼저, 위에서 살펴본 미국으로 이주한 이민자들의 경험(사례)을 통해 서독인들이 아이티인들보다 '시장성 있는 인적 자본이나 개인 문화를 2배나 더 많이(샐러리맨들의 경우) 보유한다'라고 추론([역주] 위에서 서독 출신 샐러리맨 이민자들이 아이티 출신 샐러리맨 이민자들보다 연간 평균적으로 2배 정도 더 많이 벌었기 때문)한다면, 이로부터 우리는 아이티가 자국의 현재 제도와 경제정책하에서 '서독 수준의 시장성 있는 인적 자본이나 개인 문화를 보유한다면'([역주] 사고 실험 2에 해당) 아이티의 1인당 소득은 지금보다 약 2배가 될 것이라고 추정할 수 있을 것이다(이는 실제가 아니라 '사고 실험'의 결과임). 그러나 아이티의 '실제' 1인당 소득 수준은 서독의 10분의 1 수준에 불과하므로, 우리의 사고 실험에 따르면, 아이티의 1인당 소득은 2배 정도 증가하더라도 여전히 서독의 5분의 1에도 미치지 못할 것이다. 다음으로, 아이티가 자국의 시장성 있는 인적 자본이나 개인 문화 수준하에서 '서독의 제도와 경제정책을 채택한다면' 아이티의 1인당 소득은 서독의 절반(즉, 2분의 1) 정도가 될 것이다([역주] 이

건을 가지고 실험할 수 있다. 실행 가능성이나 입증 가능성에 구애되지 아니하고 사고상으로만 성립되는 실험이다. 하나의 이론체계 안에서의 연역 추리의 보조 수단으로 쓴다.

▌**표 8** 아이티의 1인당 소득 변화: 사고 실험

구분	어느 국가의 제도와 경제정책인가?	어느 국가의 시장성 있는 인적 자본인가?	사고 실험에 의한 아이티의 1인당 소득	실제 아이티의 1인당 소득
사고 실험 1	아이티가 자국의 제도와 경제정책 하에서	**서독의 시장성 있는 인적 자본이나 개인 문화를 보유하고 있다면**	**2배 증가**: 서독의 5분의 1 수준	서독의 10분의 1 수준
사고 실험 2	아이티가 **서독의 제도와 경제정책** 하에서	아이티의 시장성 있는 인적 자본이나 개인 문화를 보유하고 있다면	**5배 증가**: 서독의 2분의 1 수준	서독의 10분의 1 수준
실제 경우	아이티가 자국의 제도와 경제정책 하에서	아이티의 시장성 있는 인적 자본이나 개인 문화를 보유하는 경우	–	서독의 10분의 1 수준

주: 역자 작성.

는 '사고 실험'의 결과임). 그러나 이 수준은 여전히 아이티의 '실제' 1인당 소득보다 몇 배나 더 클 것이다.

이러한 사고 실험들이 보여 주듯이 두 국가 간의 1인당 소득의 '커다란 차이'가 발생하는 이유 중 하나는 우선, 두 국가의 노동자 1인당 '유형자본'[56](tangible capital)의 양이 다르기(즉, 두 국가 간의 노동자 1인당 유형자본의 차이) 때문이다. 그러나 이러한 설명을 '외생적으로 주어진 것'으로 받아들이기 전에 우리는 우리의 돈을 이들 두 국가에 각각 투자하는 경우를 생각해 보자. 또한, 상이한 국가들에서 온 이민자들에 대한 상이한 '선택 편향성들'도 앞에서 설명한 사고 실험들

56 [역주] 유형자본(有形資本)이란 일정한 형태를 가지고 있는 자본으로 화폐, 가옥, 토지, 기계 등을 말한다.

의 결과를 설명하는 데 유용할 수 있다. 그러나 우리는 서독과 아이티에서 미국으로 온 이민자들뿐만 아니라 '다른 국가들에서 미국으로 온 이민자들'의 경우에도 '거의 같은 결과들'을 얻을 수 있다. 예를 들면, (1) 스위스와 이집트, (2) 일본과 과테말라, (3) 노르웨이와 필리핀, (4) 스웨덴과 그리스, (5) 네덜란드와 파나마 등([역주] 서독과 아이티의 경우처럼 여기서도 각 경우에 전자의 국가는 선진국을, 후자의 국가는 후진국을 나타냄)에서 미국으로 온 이민자들을 대상으로 유사한 비교를 해 보아도 '거의 동일한 결과'가 나타날 것이다.[57] 새로운 사례들에서 빈곤한 국가들(즉, 이집트, 과테말라, 필리핀, 그리스, 파나마)과 부유한 국가들(즉, 스위스, 일본, 노르웨이, 스웨덴, 네덜란드)에서 미국으로 이주한 이민자들의 소득을 비교해 보기로 하자. 이를 위해 먼저, 이민자들의 소득 비교 시 발생하는 '이민자들의 선택 편향성'으로 인해 (1) 빈곤한 국가들과 부유한 국가들 간에 존재하는 '시장성 있는 인적 자본이나 개인 문화'의 차이가 '과소'평가될 수 있으며, (2) 이로 인해 우리가 타당하다고 생각되는 것보다 그러한 효과를 '더 크게' 추정한다고 가정해 보자. 다음으로, 이러한 가정하에서 도출된 결과에 따르면, 부유한 국가들과 빈곤한 국가들 간의 '1인당 소득의 차이'가 두 유형의 국가들이 보유한 '시장성 있는 인적 자본이나 개인 문화의 차이'보다 훨씬 더 크게 나타났다. 이러한 결과는 이민자들의 선택 편향성으

57 [원문 각주 18] 나는 다른 국가들에서 미국으로 이주한 이민자들의 소득을 조사하는 데 유익한 도움을 준 로버트 비질(Robert Vigil) 박사께 감사드린다.

로 인한 부유한 국가들과 빈곤한 국가들 간의 '시장성 있는 인적 자본이나 개인 문화'의 차이에 대한 과소평가의 가능성에도 불구하고 '부유한 국가들의 1인당 소득이 여전히 빈곤한 국가들의 1인당 소득보다 훨씬 더 크다'라는 것을 의미한다. 따라서 이러한 '시장성 있는 인적 자본이나 개인 문화의 차이'는 부유한 국가들과 빈곤한 국가들 간의 "1인당 소득의 커다란 차이" 중 '극히 일부만'을 설명할 수 있다.

(3) 역사 실험

마지막으로, '역사 실험'에서도 동일한 결과가 나타났다. 역사를 통해 우리는 동일한 결론에 이르는 몇 가지 다른 실험들을 수행할 수 있다. 제2차 세계대전(1939~1945년) 후 대부분의 기간 동안 중국, 독일, 한국은 '역사의 우연'에 의해 각각 분단(즉, 중국 대 대만과 홍콩, 서독 대 동독, 남한 대 북한)되었으며, 분단된 두 국가는 (1) 문화와 집단적 특성은 거의 같았으나, (2) 제도와 경제정책은 서로 달랐다. 그 결과 대만과 홍콩, 서독, 남한의 경제성과는 각각 중국 본토, 동독, 북한의 경제성과와 비교할 수 없을 정도로 더 나았다. 문화적 특성이 매우 유사한 국가들에서 경제성과가 이처럼 '큰 차이'를 보이는 것은 각 해당국의 사람들이 지닌 '시장성 있는 인적 자본이나 개인 문화의 차이'로는 제대로 설명할 수 없을 것이다.

이제 다음 몇 가지 간과한 사항들에 유념하는 것이 중요하다. 우선, 앞에서 설명한 이주와 관련된 실험들은 (1) 각국에서 '공공정책이 어떠해야 하는지(또는 공공정책이 왜 중요한지)에 대한 대중의 태도나 오해 및 편견'에 대해서는 아무것도 말해 주지 않는다. 둘째, (2) 그러한 이주 실험들은 각국의 사람들이 지닌 '공공재적 인적 자본이나 시민 문화'에 대해서 아무것도 알려 주지 않는다. 셋째, 우리가 잘 알다시피 (3) 빈곤한 국가에서 부유한 국가로 이주하는 이민자들은 대개 그들이 이주하는 국가들에서 소수이기 때문에 이주국(현지국)의 공공정책이나 제도를 바꾸지 못할 것이다. 넷째, (4) 이제까지 살펴본 자연 및 사고 실험들과 역사 실험들은 빈곤한 국가들의 공공재적 인적 자본이나 시민 문화가 부유한 국가들을 '지배하게' 된다면 어떤 일이 일어날지에 대하여도 알려 주지 않는다. 예를 들어, 사회(국가)가 어떻게 조직되어야 하는지에 대한 라틴 아메리카나 중동의 전통적인 신념들(즉, 시민 문화)이 북미나 서유럽을 지배하게 된다면 북미나 서유럽에서 제도와 경제정책이 변할 것이고, 그러면 아마 경제성과도 달라질 것이다.

10. 제도와 경제정책의 압도적인 중요성

지금까지 논의한 내용이 옳다면 '국가 간 1인당 소득(즉, 국가 간 부(富))의 커다란 차이'는 (1) 세계의 생산적 지식(즉, 기술) 스톡(productive knowledge stock)이나 세계 자본시장에 대한 접근성(또는 이용 가능성)의 차이, (2) 인구 대비 토지 또는 천연자원의 비율(또는 1인당 토지 또는 천연자원)의 차이, (3) 시장성 있는(또는 사적재적) 인적 자본이나 개인 문화의 질(質) 차이 등으로는 '설명할 수 없음'을 알 수 있다. 이러한 세 가지 요인들은 높은 수준의 총계요소이지만 '1인당 소득의 국제적 차이'를 대부분 설명할 수 있는 생산요소들로 간주될 수 없다. 이제 유일하게 남아 있는 한 가지 타당한 설명은 '국가 간 부(또는 1인당 소득)의 커다란 차이'가 주로 '각국의 **제도와 경제정책의 질**의 차이'에 기인한다는 점이다.

국경은 '국가마다 제도와 경제정책이 다르다'라는 사실을 명확하게 보여 주는 증거이다. 이러한 증거는 (1) '각 국가가 자국이 가진 자원부존량이 허용하는 만큼 생산한다는 기존의 견해'와 모순될 뿐만 아니라, (2) '한 국가의 제도와 경제정책이 그 국가의 경제성과에 결정적인 영향을 미친다'라는 중요한 사실도 직접적으로 시사해 준다. 게다가 서로 다른 경제정책과 제도를 가진 '국가 간 1인당 소득의 차이'가 같은 국가 내 '지역 간 소득의 차이'에 비해 매우 크다는 사실을 알 수 있다. 이러한 사실은 곧 내 주장이 옳다는 점을 뒷받침해 준다. 또한, 국경은 (1) 국가 간 제도와 경제정책이 다름을 보여 줄 뿐만 아니라 (2) 때때로 '1인당 소득'이 상당히 다른 지역들을 분명하게 구분해 준다. 이 사실도 내 주장을 뒷받침해 준다.

11. 구성장이론과 신성장이론 및 실제로 관찰되는 사실들

이 책에서 제시한 내 주장은 국가 간 '1인당 소득 수준'과 '성장률' 간의 관계를 구(舊)성장이론이나 신(新)성장이론보다 더 잘 설명해 준다. 먼저, 구성장이론에 따르면, 대개 '추격 성장'(catch-up growth; 따라잡기 성장)을 달성할 좋은 기회들을 가진 빈곤한 국가들이 부유한 국가들보다 더 빠르게 성장하는 일반적인 경향이 있다. 그러나 나는 앞에서 빈곤한 국가들의 경우 '제도와 경제정책의 결함'으로 인해 그러한 일반적 경향이 '존재하지 않는다'고 주장하였다. 이는 구성장이론에 반(反)하는 주장이다. 다음으로, 신성장 모델 또는 내생적 성장(endogenous growth) 모델은 '외부효과'를 특징으로 한다. 외부효과는 투자 또는 인적 자본이나 유형(물적)자본의 축적과 함께 증가하며, 이를 통해 경제성장을 달성할 수 있다. 따라서 이러한 모델들은 1인당 소득이 높은 국가들이 저소득 국가들만큼 빠르게 성장하거나, 또는 더 빠르게 성장할 수 있는 이유를 쉽게 설명할 수 있다.

그러나 구성장이론이나 신성장이론 모두 현실 세계에서 "실제로 관찰되는"[58](actually observed) 다음 두 가지 사실을 예측하거나 설명해 주지는 못한다. 첫째, **가장 빠르게 성장하는 국가들**([역주] **즉, 성장률이**

58 [역주] 실사구시(實事求是)란 사실에 토대를 두어 진리를 탐구하는 일을 말하고, 역사구시(歷史求是)는 역사에 토대를 두어 진리를 탐구하는 일을 말한다. 이 표현은 역자가 만든 것이다.

가장 높은 국가들)**은 결코 1인당 소득이 가장 높은 국가들이 아니라 항상 '일부 저소득 국가들'**([역주] **예를 들어, 과거 한국이나 대만**)**이다!** 둘째, 이와 동시에 '저소득 국가들 전체'(즉, '모든' 저소득 국가들)는 고소득 국가들보다 더 빠르게 성장하지 못하지만, **'일부' 저소득 국가들은 '어떤' 고소득 국가보다 훨씬 더 빠르게 성장한다**. 왜 그런가? 이 책에서 제시한 내 주장은 "빈곤한 국가들이 '평균적으로' **부유한 국가들보다 더 열악한[59] 경제정책과 제도를 채택하고 있으며**, 따라서 빈곤한 국가들은 '급속한 추격 성장'(rapid catch-up growth)의 좋은 기회가 있음에도 불구하고 '평균적으로' 부유한 국가들보다 더 빨리 성장하지 못한다"는 사실을 시사해 준다([역주] 역자는 이를 **"올슨의 실사 및 역사 구시적 성장이론"**이라고 부르기로 한다). 그러면 '좋은' 경제정책과 제도를 채택한 빈곤한 국가들은 어떤가?

■ **[역주] 올슨의 실사 및 역사 구시적 성장이론[60]**

(1) 가장 빠르게 성장하는 국가들(즉, 성장률이 가장 높은 국가들)은 결코 1인당 소득이 가장 높은 국가들이 아니라 항상 '일부

59 [역주] 열악(劣惡)하다란 품질이나 능력, 시설 따위가 몹시 떨어지고 나쁘다를 말한다.

60 [역주] The **actually observed facts** are: (1) the fastest-growing countries are never the countries with the highest per capita incomes, but always some of the lower-income countries; (2) the low-income countries **as a whole** fail to grow any faster than high-income countries, but **some of the low-income countries** grows far faster than **any** high-income country does; (3) actually, there was no any necessary positive connection between low per capita incomes and more rapid rates of growth; (4) actually, there was the highest rates of growth in **some of low-income countries** that adopt better economic policies and institutions.

저소득 국가들'이다!

(2) '모든' 저소득 국가들이 고소득 국가들보다 더 빠르게 성장하지 못하지만, '일부' 저소득 국가들은 '어떤' 고소득 국가보다 훨씬 더 빠르게 성장한다.

(3) 실제로 '낮은 1인당 소득'과 '더 급속한 성장률' 사이에 반드시 양(+)의 연관성이 존재하는 것은 아니었다! 즉, 1인당 소득이 낮은 빈곤한 국가들이 반드시 더 빠르게 성장하는 것은 아니었다.

(4) 실제로 '더 나은(양질의) 경제정책과 제도'를 채택한 '일부 저소득 국가들'에서 가장 높은 성장률을 보여 주었다.

(5) 1970년대와 1980년대에 '가장 빠르게 성장하였던 주요 국가들'(즉, 보츠와나, 몰타, 싱가포르, 한국, 중국, 태국)이 당시에 모두 "저소득 국가들"이었다!

그러나 비교적 '좋은(양질의) 경제정책과 제도를 채택한 빈곤한 국가들'은 '급속한 추격 성장'을 달성할 수 있다. 왜 그런가? 빈곤한 국가들은 자신의 잠재적 성장력에 훨씬 못 미치기 때문에 '좋은' 경제정책과 제도의 채택을 통해 (1) 가장 부유한 국가들에게 성장을 가져다주는 기술 및 기타 발전을 모방하고, (2) 자신의 실제 소득과 잠재 소득 간의 큰 격차를 좁힘으로써 자신의 1인당 소득을 실질적으로 증가시킬 수 있다(Barro, 1991).[61] 그러나 1인당 소득이 가장 높은 부

61 [역주] Barro, Robert J., "Economic Growth in a Cross Section of Countries," *Quarterly Journal of Economics*, May 1991, Vol. 106, No. 2, pp. 407~443.

그림 3 올슨의 실사 및 역사 구시적 성장이론 도해

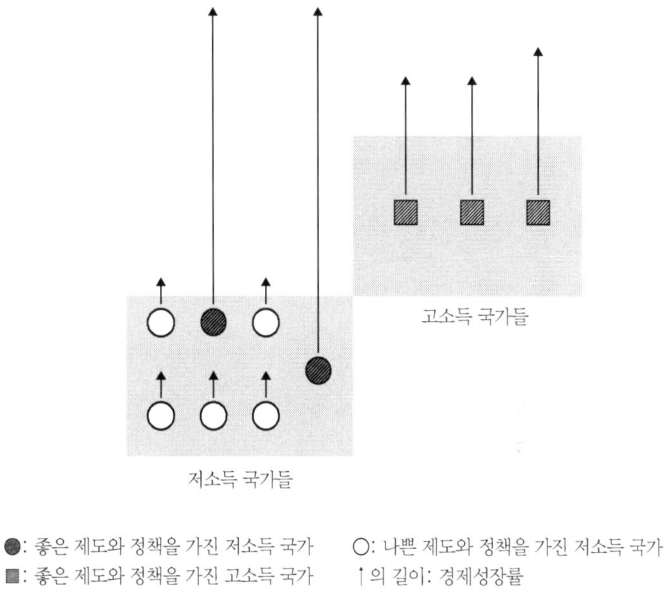

주: 역자 작성.

유한 국가들은 자신의 잠재적 성장력에 도달하였기 때문에 이와 같은 기회를 갖지 못한다.

따라서 여기서 제시한 내 주장은 "실제로 관찰되는 사실들"(actually observed facts)을 예상하거나 설명할 수 있다. 즉, (1) '낮은 1인당 소득'과 '더 급속한 성장률' 사이에 반드시 양(+)의 연관성이 존재하는 것은 아니다([역주] 즉, 1인당 소득이 낮은 빈곤한 국가들이 반드시 더 빠르게 성장하는 것은 아니다). 그러면 어떤 빈곤한 국가들이 더 빠르게 성

장하였는가? 실제로 (2) '더 나은(양질의) 경제정책과 제도'를 채택한 '일부 저소득 국가들'에서 가장 높은 성장률을 보여 주었다! 예를 들어, 1970년대에 한국(남한)은 미국보다 7배나 더 빠르게 성장하였다. 1970년대에 당시 석유수출국들(OPEC)을 제외하고 '1인당 소득 증가율이 가장 빨랐던 4개국'([역주] 보츠와나, 몰타, 싱가포르, 한국; 이에 관해서는 다음 내용을 참고하기 바람)은 미국보다 연평균 6.9%포인트 더 빠르게 성장하였으며, 이는 미국보다 5배 이상 더 빠르게 성장하였음을 의미한다. 또한, 1980년대에 '가장 빠르게 성장한 4개국'([역주] 한국, 중국, 보츠와나, 태국; 다음 내용을 참고하기 바람)은 미국보다 연평균 5.3%포인트 더 빠르게 성장하였으며, 그 결과 미국보다 4배나 더 빠르게 성장하였다. 또한, 이들 4개국은 '소득 수준이 가장 높은 국가들 전체'와 비교하였을 때에도 미국과 비슷한 배수(즉, 4~5배 정도)로 성장하였다. 이러한 자료를 통해 알 수 있는 중요한 사실은 1970년대와 1980년대에 '가장 빠르게 성장하였던 4개국'이 당시에 모두 "저소득 국가들"이었다는 점이다!

일반적으로 내생적 성장 모델들의 경우 내가 주장한 '일부 저소득 국가들에서 가장 빠른 성장이 일어날 것이다'라고 예측하거나 설명하는 구조적 요소가 없다([역주] 즉, 내생적 성장 모델들은 '일부 저소득 국가들에서 실제로 일어나고 있는 가장 빠른 성장'을 예측하거나 설명하지 못하고 있다). 또한, 여기서 내가 제시한 '국가 간의 성장률에서 일반적인 수렴이 존재하지 않는다'라는 내 주장은 구성장이론과 모순된다([역주] 즉, 구성장이론은 일반적으로 '국가 간의 1인당 소득 증가율이 수렴한다'라고 예측하였다). 왜냐하면 '양질의 경제정책과 제도'를 채택한 '일부 저소득 국가들'에서만 고소득 국가들을 추격하는 성장률 수렴 현상이 발생하기 때문이다.

또한, 시간이 지남에 따라 비교적 빈곤한 국가들과 비교적 부유한 국가들 간의 실제 1인당 소득 격차가 커지면서 빈곤한 국가들은 그들의 '잠재력'(potential)에서도 더욱 뒤처지게 되었다는 사실에 유의해야 할 것이다. 이로부터 우리는 무엇을 예측할 수 있는가? 따라서 이 책에서 제시한 내 주장을 통해 "(1) 어느 한 빈곤한 국가가 달성할 수 있는 최대 성장률이 시간이 지남에 따라 증가하고, (2) 그 빈곤한 국가가 1인당 소득이 가장 높은 국가들(즉, 부유한 국가들)을 '따라잡을 수 있는' 속도가 시간이 지남에 따라 더 빨라질 것이다"라는 점을 '예측'할 수 있다. 이는 사실인가? 이는 다음과 같이 역사적으로도 '실제로 관찰된 사실'이다:

> 먼저, 1870년대에 1인당 소득이 '가장 빠르게 증가하였던 유럽 대륙 4개국'([역주] 당시 빈곤한 국가들에 해당함)은 영국([역주] 당시 부유한 국가)보다 단지 연평균 0.3% 정도 더 빠르게 성장하였다. 1880년대에도 이들 유럽 대륙 4개국은 영국보다 연평균 0.3% 더 빠르게 성장하였다. 다음으로, 앞에서 살펴본 바와 같이 1970년대에 '가장 빠르게 증가하였던 유럽 대륙 4개국'([역주] 빈곤한 국가들)은 미국([역주] 부유한 국가)보다 6.9%포인트, 그리고 1980년대에는 미국보다 5.3%포인

트 더 빠르게 성장하였다. 따라서 (1) 1970년대에 1인당 소득이 '가장 빠르게 증가하였던 유럽 대륙 4개국'(즉, 당시 빈곤한 국가들)은 100년 전인 1870년대에 비해 **23배**(즉, 0.3%×23=6.9%)나 더 빠르게 증가하였고, (2) 1980년대에는 100년 전인 1880년대에 비해 **17배**(즉, 0.3%×17=5.1%) 이상으로 더 빠르게 증가하였음을 알 수 있다.[62] 즉, 독일은 '1870년대'에 유럽에서 가장 빠르게 성장한 국가였지만, '프랑스-프로이센 전쟁'[63](Franco-Prussian War; 1870~1871년)으로 인해 국경이 변경되었으며, 그로 인해 독일의 "1870년대" 성장률은 1872년부터 1882년까지의 성장률을 말한다. 여기서 나는 19세기 데이터는 앵거스 매디슨(Angus Maddison)의 추정치를 사용하였고, 20세기 데이터는 세계은행 자료를 사용하였다. 각 시대 10년 동안 성장률 상위 4개국은 다음과 같다: (1) 1980년대에는 한국, 중국, 보츠와나, 태국; (2) 1970년대에는 보츠와나, 몰타, 싱가포르, 한국; (3) 1880년대에는 독일, 핀란드, 오스트리아, 덴마크; (4) 1870년대에는 독일, 벨기에, 네덜란드, 오스트리아였다. 그러나 (1) 19세기 동안 또는 일부 경우 제1차 세계대전 때까지 '개방된 국경'을 유지한 국가들, 또는 (2) 석유 파동(oil shock) 시기에 주요 석유 수출국이었던 국가들은 현재 논의 중인 비교 대상에 적합하지 않았다. 또한, '토지와 천연자원이 국가의 경제성장에 미치는 제한된 중요성'을 설명하는 본 논의를 '개방된 국경이나 무역 조건(terms of trade)의 큰 변화로 인해 심각한 불균형 상태에 있는 국가들'에까지 확장하는 것은 지나치게 과도한 주장일 것이다. 이 때문

62 [원문 각주 19] 이러한 논의를 위해 데이터를 수집하고 분석에 도움을 준 니콜라이 게오르기예프 박사에게 감사를 드린다.

63 [역주] 또는 '보불(普佛) 전쟁'으로도 불린다. 스페인 왕위 계승 문제로 프로이센의 억지 주장에 분개한 프랑스 나폴레옹 1세(Napoleon 1)가 비스마르크(Bismarck)의 술책에 넘어가 전쟁을 일으켰으나 완패하였다.

▌**표 9** 1인당 소득이 가장 빠르게 증가하였던 유럽 대륙 4개국의 시대별 성장률 비교

시대	영국 또는 미국과 비교	유럽 대륙 4개국의 성장률 결과	시사점
1870년대	영국보다 0.3% 더 빠르게 성장함.	–	–
1880년대	영국보다 0.3% 더 빠르게 성장함.	–	–
1970년대	미국보다 6.9% 더 빠르게 성장함.	1870년대에 비해 100년 후인 1970년대에 23배 더 빠르게 성장함.	빈곤한 국가들이 1인당 소득이 가장 높은 국가들(즉, 부유한 국가들)을 '따라잡을 수 있는' 속도가 시간이 지남에 따라 더 빨라짐.
1980년대	미국보다 5.3% 더 빠르게 성장함.	1880년대에 비해 100년 후인 1980년대에 17배 이상 더 빠르게 성장함.	

주: 역자 작성.

에 나는 석유 수출국들을 제외하고, '산업혁명 이후 국가 간의 추격(catch-up) 속도'를 분석하기 위해 '가장 빠르게 성장한 유럽 대륙 국가들'과 당시 부유하였던 '영국'을 비교하였다.[64]

이러한 결과는 내 주장이 '예측한 바'를 실제로 보여 준다. 즉, 빈곤한 국가들이 1인당 소득이 가장 높은 국가들(즉, 부유한 국가들)을 '따라잡을 수 있는' 속도가 시간이 지남에 따라 더 빨라지고 있음을 의미한다.

따라서 구성장이론이나 신성장이론 모두 (1) 빈곤한 국가들과 부

64 [역주] 이 문단의 내용은 원문의 각주 19에 언급된 내용이었으나 효과적인 설명을 위해 본문에 두었다.

유한 국가들에서 '1인당 소득 수준과 그 성장률 간에 실제로 관찰되는 전반적인 관계'뿐만 아니라 (2) 시간이 지남에 따라 이들 국가에서 1인당 소득의 절대적 격차가 증가하면서 이러한 관계(즉, 1인당 소득 수준과 그 성장률 간의 전반적인 관계)가 어떻게 변화되는지를 예측해 주지 '못한다'. 반면에 이 책에서 제시한 내 이론은 우리가 '실제로 관찰하는 패턴과 유사한 패턴이 존재할 수 있음'을 예측해 준다!

12. 길가에 떨어진 고액의 지폐 줍기

한 사회나 국가가 경제번영을 증진하기 위해 할 수 있는 최선의 방법은 모르고 있던 것(무지함)을 "깨닫는 것"(wise up[65]; 깨달음[66] 또는 각성[67])이다([역주] 길가에 떨어져 있는 고액의 지폐를 발견하고 줍는 것이다!). 이는 또한 "정부 안팎의 경제학자들이 올바른 판단을 내리는 것(get things right)"이 매우 중요하다는 사실을 의미한다. 경제학자들이 틀리거나 그릇된 판단을 하면 그들은 사회나 국가에 큰 또는 많은 해(害)를 끼칠 것이다. 반면에 경제학자들이 '올바른 판단'을 하고, 특별이

65 [역주] wise up은 (1) …을 눈뜨게 하다, (2) …에 눈뜨다, (3) (불편한 진실을) 알게 되다, (4) …을 깨닫다 등의 뜻이 있다.

66 [역주] 깨닫다란 (1) 사물의 본질이나 이치 따위를 깨쳐 알게 되다, (2) 몰랐던 사정 따위를 느껴 알아채다를 말한다.

67 [역주] 각성(覺醒)이란 눈을 떠서 정신을 차림, 또는 깨달아 정신을 바로 차림을 의미한다.

익집단들과 사이비 전문가들에 맞서 이길 수 있는 '명석함과 명확한 이해력'을 갖춘다면 그들은 빈곤 개선과 인류의 진보에 커다란 기여를 할 수 있다.[68] 그러나 이러한 방법을 잘 모르는 (1) 빈곤한 국가들은 자신의 경제적 잠재력의 일부만 달성하기 때문에, 그리고 (2) 가장 부유한 국가들조차도 자신의 경제적 잠재력에 도달하지 못하기 때문에 '손실되는 금액'([역주] 이는 '길가에 버려진 고액의 지폐들'을 의미함)은 수조 달러(즉, 막대한 금액)에 달한다. ([역주] 따라서 경제번영을 증진하기 위해 한 사회나 국가가 할 수 있는 최선의 방법은 자신이 선택하는 경제정책과 제도에 대해 "깨닫는" 것이다. 이러한 원칙을 깨닫지 못하는 빈곤한 국가들은 자신의 경제적 잠재력의 극히 일부만을 얻음으로써 잃어버리는 금액이 수조 달러에 달한다. 한 사회가 "깨달음"을 통해 번영을 증진할 수 있다는 생각은 경제학에서 잘 정립된 생각이다. 이는 일반적으로 성장과 복지를 증진하는 건전한 경제정책과 제도를 채택해야 함을 의미한다. 올슨은 "한 사회가 번영을 증진하기 위해 할 수 있는 최선의 방법은 깨닫거나 현명해지는 것"이라고 말하였으며, 이는 그 사회가 선택하는 경제정책과 제도, 그리고 경제적 이해의 중요성을 강조한 것이다.)

기존의 익숙한 이념 중 어떤 이념도 국가 간의 경제성과를 설명

68 [역주] The best thing a society or country can do to increase its prosperity is to wise up. This means, in turn, that it is very important indeed that economists, inside government and out, get things right. When economists are wrong, they do a lot of harm to the society or country. When economists are right—and have the clarity needed to prevail against the special interests and the quacks—they make an extraordinary contribution to the amelioration of poverty and the progress of humanity.

하는 데 필요한 '지혜나 지식'을 충분히 제공하지 '못한다'. 기존의 이론들에 따르면, 한 국가의 경제 제도와 정책의 질(우수성)은 (1) 그 국가의 공공 부문의 크기(즉, 크고 작음)나, (2) 저소득층에 대한 그 국가의 이전(transfer) 규모에 의해 결정된다고 '가정'(假定)한다. 그러나 이러한 익숙한 가정은 실제 세계에서 관찰되는 사실들과 아주 잘 맞지 '않는다'(이에 관해서는 Levine and Renelt(1992), Rubinson(1977), Olson(1986) 등을 참고하기 바람[69]).

그러나 우리는 '(1) 국가의 경제성과는 주로 "인센티브 구조"(structure of incentives)에 의해 결정되며, (2) 국가 간의 상이한 인센티브 구조를 구분하는 것은 주로 국경이다'라는 실제적인 '가설'을 만들 수 있다. 이러한 가설을 지지하는 훨씬 더 많은 증거가 있다. 이 책은 이러한 증거 중 한 가지 유형만을 제시하였을 뿐이다. 또한, '더 나은 경제정책 및 제도'와 '더 나은 경제성과' 간의 연관성을 보여주는 직접적인 증거도 있다. 이 책에서 이러한 직접적인 증거를 제시하는 것은 지면상 불가능하지만, 다른 논문들에서 찾아볼 수 있다(이에 관해서는 Clague, Keefer, Knack and Olson(1995), Olson(1982, 1987a, 1987b,

69 [역주] Levine, Ross and David Renelt, "A Sensitivity Analysis of Cross-Country Growth Regressions," *American Economic Review*, September 1992, 82, pp. 942~963; Rubinson, Richard, "Dependency, Government Revenue and Economic Growth, 1955-1970," *Studies in Comparative Institutional Development*, Summer 1977, 12(2), pp. 3~28; Olson, Mancur, "Supply-Side Economics, Industrial Policy, and Rational Ignorance," in Barfield, Claude E. and William A. Schambra, eds., *The Politics of Industrial Policy*, Washington: American Enterprise Institute for Public Policy Research, 1986, pp. 245~269.

1990) 등을 참고하기 바람).

이 책에서 (1) 이제까지의 논의를 뒷받침하는 또 다른 종류의 논리와 증거를 살펴보려면, 그리고 (2) '어떤 종류의 제도와 경제정책이 더 나은 경제성과를 창출하는지'에 대한 힌트를 얻으려면 앞에서 설명하였던 '이론들'로 돌아가야 할 것이다. 이 이론들에 따르면, 어떤 경제의 참여자들 또는 거래 당사자들의 '합리성'(rationality)은 곧 '테이블 위에 돈을 남겨두지 않을 것이다'라는 것을 의미한다. 우리는 빈곤한 국가들에서 온 이민자들이 부유한 국가들에서 보여 준 놀라울 정도로 좋은 성과와 다른 증거들을 통해 '빈곤한 국가들의 사람들에게도 합리성, 타고난 지혜(mother wit), 에너지가 많다'라는 것을 알 수 있다. 그러므로 빈곤한 사회에 사는 개인들도 부유한 국가에 살고 있는 사람들만큼이나 '보도에 떨어진 지폐들을 빨리 주울 수' 있다.

그러나 문제는 "정말 큰 금액은 '협력되지 않은 개별 행동들'(uncoordinated individual actions)로는 얻을 수 없다"라는 사실이다. 정말 큰 금액은 수백만 명의 전문화된 노동자들과 다른 투입물의 '효율적인 협력'(efficient cooperation)을 통해서만 얻을 수 있다.[70] 즉, 정말 큰 금액은 전문화와 거래를 통해 막대하고 광범위한 이익이 실현될 때에만 얻을 수 있다. 저소득 사회나 국가들은 (1) (제3의 개입 없이) '자체적으

70 [역주] The really big sums cannot be picked up through **uncoordinated** individual actions. They can only be obtained through the **efficient cooperation** of many millions of specialized workers and other inputs.

로 이행되는 거래들'(self-enforcing trades)을 통해 대부분의 작은 이익을 얻지만, (2) 전문화와 거래를 통해 발생하는 막대한 이익들을 실현하지는 못한다. 또한, 저소득 사회나 국가들에서는 계약을 공정하게 집행하는 기관들(예, 법원)이나 제도들이 없기 때문에 '공정한 제3자의 집행이 필요한 거래들'(third-party-enforcing trades; 예를 들면, 자본시장에서 일어나는 복잡한 거래들)에서 발생하는 이익 대부분을 얻지 못한다. 또한, 저소득 사회나 국가들에는 장기적으로 재산권을 안전하게 보호하는 제도들이 없기 때문에 '자본집약적 생산'(capital-intensive production)에서 발생하는 이익 대부분을 잃게 된다. 마지막으로, 저소득 사회나 국가들에서 이루어지는 생산과 거래는 (1) 잘못된 경제정책과 (2) 사적 약탈이나 공적 약탈로 인해 더욱 지장을 받는다. 복잡하고 정교한 시장들이 존재할 때 나타나는 '복잡한 사회적 협력(social cooperation)'은 대부분의 국가가 채택하고 있는 제도와 경제정책보다 '훨씬 더 나은 제도와 경제정책'을 필요로 한다. 게다가 시장실패들을 효과적으로 교정(矯正)하는 일은 훨씬 더 어렵다.

내가 논의한 이론들의 원동력인 '자발적인 개인 최적화'는 중요하지만, 그 자체만으로는 충분하지 않다. 만약 자유방임에 의해서든 정치적 협상과 정부를 통해서 이루어지든 '자발적인 코즈식 협상(Coase-style bargaining)'이 (1) 사회적으로 낭비적인 약탈을 없애고, (2) 번영하는 시장경제에 필요한 제도들을 마련해 준다면, 매우 비효율적이고 빈곤에 시달리는 사회나 국가들은 실제로 많이 존재하지 않을 것이다. 이 책에서 제시된 내 주장은 "효율적인 사회나 국가들을 만드는 데 필요한 협상들이 실제로 이루어지지 않는다"라는 사실을 보여 준다. 여담(餘談)이지만, 나는 많은 경우에 그러한 협상들이 '합리적인 개인행동'과 논리적으로 모순된다는 점을 다른 논문에서 자세히 설명하였다.[71] 경제학적 사고(思考)에 있어서 등장한 몇 가지 중요한 트렌드는 나름대로 쓸모가 있지만, 다음과 같은 '슬프고 너무나도 일반적인 현실'을 간과(看過)해서는 안될 것이다. 즉, 집단행동에 관한 문헌들(예를 들면, Olson(1965), Hardin(1982), Sandler(1992) 등)이 보여주듯이 기존의 생각과 달리 "'개인의 합리성'은 실제로 '사회적 합리성'을 달성하기에 충분치 못하다"라는 점을 잊어서는 안 될 것이다.

71 [원문 각주 20] 이와 관련된 논리는 앞에서 언급한 Olson(1995)의 초기 논문인 "거래비용과 코즈 정리"에 설명되어 있다: Olson, Mancur, "Transactions Costs and the Coase Theorem: Is This Most Efficient of All Possible Worlds?," Working Paper, 1995.

⁂

부록

경제성장의 수수께끼: 무엇이 경제성장을 가져다주는가?

세계 각국에서 왜 어떤 국가들은 부유하고, 다른 국가들은 가난한가? 좀 더 구체적으로 말하면, 지구상 왜 가장 가난한 국가(최빈국)들의 1인당 소득이 가장 부유한 국가들의 1인당 소득의 20분의 1에도 미치지 못하는가?

일반 사람들은 흔히 "가난한 국가들은 그들의 '끔찍한 자원 부족'으로 인해 가난하다"라는 생각을 당연하게 여긴다. 즉, '가난한 국가들은 경제성장에 필요한 자원들이 부족하기 때문에 여전히 가난하다'라고 생각하며, 또 이를 당연하게 받아들인다. 또한, 많은 가난한 국가들은 인구가 과잉이며, 부유한 국가들만큼 천연자원들이 많지 않다. 더욱이 대부분의 가난한 국가들은 부유한 국가들에 비해 '노동자 1인당 물적 자본'(예, 기계나 장비)이나 '첨단 기술을 갖춘 물적 자본'도 많지 않다. 마지막으로, 가난한 국가들은 고소득 국가들만큼 '교육과 훈련'(즉, '인적 자본')도 많이 갖고 있지 못하다.

이처럼 천연자원, 현대식 기계와 장비(물적 자본), 노동자 1인당 인적 자본(교육과 훈련)이 '적기' 때문에 가난한 국가들의 생산성과 1인당 소득이 부유한 국가들에 비해 더 낮다고 여겨진다. '국가 빈곤'의 원인이 '자원'이나 '부족'—즉, '천연자원 부족'이나 '물적 및 인적 자본 부족'—에 기인한다고 설명한다. 이러한 기존의 익숙한 설명은 부유한 국가들로부터의 대규모 원조를 받지 않고서는 가난한 국가들이 스스로 발전하거나 결코 부유한 국가들을 따라잡을(catch up) 수 없다는 것을 의미한다.

"가난한 국가들은 자원이 부족하기 때문에 가난하다"라는 설명은 '검증 가능한 가설'이어야 할 것이다. 그러나 대부분의 실증 검증에서 이 가설은 검증에 실패하였다.

먼저, '국가의 빈곤'이 토지나 천연자원의 부족으로 야기되었다면 그 빈곤을 해결하기 위해 빈곤 국가에 살고 있는 '사람들(인구)의 수'를 줄이면 어떻게 될 것인가? '이민'(또는 이주)이 하나의 해결책이 될 것이다. 이민으로 인해 이민자들의 출신 국가에서는 인구 감소로 생활 수준이 높아지고, 이민자들이 도착한 국가에서는 인구 증가로 생활 수준이 낮아져야 할 것이다. 이러한 가설은 사실인가? 예를 들면, 1821년에 아일랜드의 인구는 540만 명이었고, 영국의 인구는 1,420만 명이었다. 이로부터 165년이 지난 후인 1986년에 아일랜드의 인구는 350만 명으로 줄어들었고, 영국의 인구는 5,510만 명으로 크게 증가하였다. 1986년 당시 영국의 인구 밀도는 아일랜드보다 5배나 더 높았으나, 아일랜드의 1인당 소득은 영국의 약 5분의 3에 불과하였다. 즉, 1986년에 아일랜드 사람들의 이주로 영국의 인구 밀도는 아일랜드보다 더 높았고, 영국의 1인당 소득도 아일랜드보다 더 높았다. 이민으로 인해 아일랜드의 생활 수준이 높아지지 않았음을 알 수 있다. 따라서 이러한 결과는 가설에 위배된다. 이러한 사례는 결코 예외가 아니다. 네덜란드, 싱가포르, 홍콩과 같이 일부 '가장 부유한 국가들'의 인구 밀도가 세계에서 가장 높은 반면, 브라질, 케냐, 자이르와 같이 일부 '가장 가난한 국가들'은 세계에서 인구 밀도가 가장 낮다.

다음으로, 어떤 국가가 '첨단 기술을 습득하지 못하는 요인'도 국가 빈곤의 원인이 될 수 없다. 예를 들어, 매우 짧은 기간에 근대화(경제발전)를 이룬 한국의 경우를 살펴보자. 한국은 1973~1979년에 '체화되지 않은 기술' 도입에 대한 로열티와 기타 지급금이 GDP의 1,000분의 1에도 미치지 못하는 아주 적은 수준이었다. 또한, 한국에서 '외국인 직접 투자'(FDI)로 발생하는 모든 수익을 '기술 지식'에 대한 대가로 간주하여 계산하더라도 로열티와 기타 지급금의 총액은 여전히 한국 GDP 증가의 1.5%에도 미치지 못하였다. 즉, 한국은 1973~1979년에 첨단 기술이나 기술 지식을 거의 습득하지 못하였다. 그럼에도 한국은 1973~1979년 동안 괄목할 만한 성장을 이루었다.

셋째로, '인적 자본의 질(우수성)'이 국가 빈곤의 원인인가? 많은 연구자들은 부유한 국가들의 높은 소득이 부분적으로는 사람들이 경제적 기회가 있으면 이에 능숙하게 대응하게 만드는 '문화적 특성'(cultural traits)에서 비롯된다고 주장한다. 반면에 가난한 국가들에는 이러한 문화적 특성이 부족하다고 주장한다. 또한, 그들은 빈곤을 지속시키는 문화적 특성은 수 세기에 걸친 사회적 축적에서 비롯된 것으로 단기간에 바꿀 수 없다고 주장한다. 이 주장은 사실인가?

위에서 살펴본 이민 사례를 통해 이 가설을 검증할 수 있다. 연구자들은 가난한 국가들에서 미국으로 이주한 사람들이 언어와 기타 적응에 어려움이 있음에도 불구하고 비슷한 배경을 가진 미국인들보다 약 55% 더 많은 소득을 벌었다는 사실을 발견하였다. 또한, 1인당 소득이 미국의 5분의 1 또는 10분의 1에 불과한 국가들에서 온 사람들도 마찬가지였다. 이는 마치 미국으로 오기 위해 리오그란데강(Rio Grande: 미국과 멕시코의 국경을 이루는 강)을 헤엄치는 라틴 아메리카(가난한 국가) 사람들이 미국(부유한 국가) 국경을 넘는 순간 '프로테스탄트 윤리(Protestant ethic)[1]로 세례(洗禮)를 받은 것과 같다!' 그러나 미국으로의 이주 이전의 그들의 낮은 생산성은 '문화적 특성'이라기보다는 주로 모국(母國)

의 '나쁜 제도와 경제정책' 때문이었다.

경제발전이 '변화하기 어려운 문화적 요인들'의 문제라는 생각은 '역사의 우연'으로 인해 국가가 분단되어 두 가지 다른 제도와 경제정책을 추구하거나 실시하였던 국가들에서 가장 잘 검증된다. 그러한 국가들의 예로 중국(본토 대 대만과 홍콩), 독일(서독 대 동독), 한국(남한 대 북한)을 들 수 있다. 각 경우에 양국은 공통 문화를 가지고 있었지만, 홍콩과 대만, 서독, 남한의 경제성과는 각각 중국 본토, 동독, 북한의 경제성과와 비교할 수 없을 정도로 더 나았다.

핵심은 '어떤 국가의 1인당 소득을 주로 결정하는 것'은 (1) 그 국가가 가진 자원이나 초기 부족보다는 (2) 그 국가가 채택하는 제도와 경제정책이라는 사실이다. '좋은' 제도와 경제정책을 채택하는 '가난한 국가들'은 부유한 국가들보다 훨씬 빠르게 성장할 수 있다. 즉, '가난한 국가들'이 '좋은 제도와 경제정책'을 채택한다면 부유한 국가들보다 훨씬 빠르게 성장할 수 있다. '가장 빠르게 성장하는 국가들'은 결코 1인당 소득이 가장 높은 국가들이 아니라 항상 '저소득 국가들'이라는 기록은 놀랍다. 예를 들어, 1970년대에 한국은 미국보다 7배나 더 빠르게 성장하였다. 왜 그런가? 부유한 국가들은 실제로 그들의 잠재력에 근접해 있으며, 오직 기술이나 기타 진보로 성장하기 때문이다. 반면에 '좋은 제도와 경제정책을 채택한 일부 가난한 국가들'은 더 급속한 '따라잡기'(catch-up; 추격형) 성장을 누린다. 왜 그런가? 가난한 국가들은 그들의 잠재력에 미치지 못하였기 때문에 (1) 진정한 혁신을 이루고, (2) 그들의 경제적 잠재력을 더 잘 활용하고 개발함으로써 1인당 소득을 증가시킬 수 있기 때문이다.

그러면 어떤 제도와 경제정책이 효과가 있는가? 우리가 '익히 알고 있는 이

1 [역주] 노동에의 헌신·검약, 노동의 성과를 올리는 것을 강조하며 자본주의 사회의 지배적 윤리이다.

념'은 이 질문에 대답하는 데 필요한 지혜를 제공해 주지 못할 것이다. 예를 들어, (1) 국가의 크고 작음(즉, 규모)이나 (2) 저소득층에 대한 이전지출의 규모가 중요하다는 가정은 사실에 부합하지 않는다. 진짜 문제는 다른 곳에 있다. '조직되지 않은'(uncoordinated; '제도화되지 않은') 개별행동들로는 큰 이익을 얻을 수 없다. 반면에 (1) 계약들을 공정하게 집행하고, (2) 재산권을 안전하게 보호하는 '제도들'이 있을 때만 큰 이익을 얻을 수 있다. 제도([역주] 즉, 관습·도덕·법률 등의 규범이나 사회 구조의 체계)는 바로 어떤 사회 내에서 '개인들을 행동하게 하는 인센티브를 이끌어 내는 사회적 및 제도적 규칙'이다. 따라서 경제성과를 주로 결정하는 것은 '인센티브의 구조'인 '제도'이다.

그러므로 경제번영을 증진하기 위해 어느 한 사회가 할 수 있는 최선의 방법은 그 사회가 결정하는 제도적 선택들에 대해 (무관심하거나 합리적으로 무지하지 않고) '잘 알아보고 깨닫는 것'(wise up; 신중하게 생각하고 현명하게 판단하는 것)이다. 왜 그런가? 나쁜 제도적 선택들로 인해 가난한 국가들이 그들이 가진 경제적 잠재력의 극히 일부만 얻을 수 있으며, 그로 인해 그들 국가가 상실하는(획득하지 못하는) 금액이 수조 달러에 달하기(즉, 막대하기) 때문이다.

참고문헌

Barro, Robert J., "Economic Growth in a Cross Section of Countries," *Quarterly Journal of Economics*, May 1991, 106:2, pp. 407~443.

Becker, Gary, "A Theory of Competition Among Pressure Groups for Political Influence," *Quarterly Journal of Economics*, August 1983, 98, pp. 371~400.

_____, "Public Policies, Pressure Groups, and Dead Weight Costs," *Journal of Public Economics*, December 1985, 28(3), pp. 329~347.

Bhagwati, Jagdish, "Incentives and Disincentives: International Migration," *Weltswirtschaftliches Archiv*, 1984, 120, pp. 678~701.

Borjas, George, "Self-Selection and the Earnings of Immigrants," *American Economic Review*, September 1987, 77, pp. 531~553.

_____, *Friends or Strangers: The Impact of Immigrants on the U.S. Economy*, New York: Basic Books, 1990.

Breton, A., "Toward a Presumption of Efficiency in Politics," *Public Choice*, September 1993, 77:1, pp. 53~65.

Card, David, "The Impact of the Mariel Boatlift on the Miami Labor

Market," *Industrial and Labor Relations Review*, January 1990, 43:2, pp. 245~257.

Carrington, William J. and Pedro J. F. De Lima, "The Impact of 1970s Repatriates from Africa on the Portuguese Labor Market," *Industrial and Labor Relations Review*, January 1996, 49:2, pp. 330~347.

Clague, Christopher, "Relative Efficiency Self-Containment and Comparative Costs of Less Developed Countries," *Economic Development and Cultural Change*, April 1991, 39:3, pp. 507~530.

Clague, Christopher, P. Keefer, S. Knack, and Mancur Olson, "Contract-Intensive Money: Contract Enforcement, Property Rights, and Economic Performance," IRIS Working Paper No. 151, University of Maryland, 1995.

Great Britain Central Statistical Office, *Annual Abstract of Statistics*, London: H.M.S.O., 1988.

Hamilton, Bob and John Whalley, "Efficiency and Distributional Implications of Global Restrictions on Labour Mobility: Calculations and Policy Implications," *Journal of Development Economics*, January/February 1984, 14, pp. 61~75.

Harberger, Arnold, "Perspectives on Capital and Technology in Less Developed Countries," in Artis, M. and A. Nobay, eds., *Contemporary Economic Analysis*, London: Croom Helm, 1978, pp. 12~72.

Hardin, Russell, *Collective Action*, Baltimore: Johns Hopkins University

Press, 1982.

Hunt, Jennifer, "The Impact of the 1962 Repatriates from Algeria on the French Labor Market," *Industrial and Labor Relations Review*, April 1992, 45:3, pp. 556~572.

Ireland Central Statistics Office, *Statistical Abstract*, Dublin: Stationery Office, 1986.

Koo, Bohn-Young, "New Forms of Foreign Direct Investment in Korea," Korea Development Institute Working Paper No. 82-02, June 1982.

Krueger, Alan B. and Jörn-Steffen Pischke, "A Comparative Analysis of East and West German Labor Markets," in Freeman, Richard and Lawrence Katz, eds., *Differences and Changes in Wage Structures*, Chicago: University of Chicago Press, 1995, pp. 405~445.

Landes, David, "Why are We So Rich and They So Poor?," *American Economic Review*, May 1990, Vol. 80, pp. 1~13.

Levine, Ross and David Renelt, "A Sensitivity Analysis of Cross-Country Growth Regressions," *American Economic Review*, September 1992, 82, pp. 942~963.

Lucas, Robert, "Why Doesn't Capital Flow from Rich to Poor Countries?," *American Economic Review*, May 1990, 80, pp. 92~96.

Mitchell, Brian R., *Abstract of British Historical Statistics*, Cambridge, U.K.: Cambridge University Press, 1962.

Mitchell, Brian R. and H. G. Jones, *Second Abstract of British Historical*

Statistics, Cambridge, U.K.: Cambridge University Press, 1971.

Mokyr, Joel, *Why Ireland Starved: A Quantitative and Analytical History of the Irish Economy 1800-1850*, London and Boston: Allen & Unwin, 1983.

Olson, Mancur, *The Logic of Collective Action*, Cambridge: Harvard University Press, 1965.

_____, *The Rise and Decline of Nations*, New Haven: Yale University Press, 1982.

_____, "Supply-Side Economics, Industrial Policy, and Rational Ignorance," in Barfield, Claude E. and William A. Schambra, eds., *The Politics of Industrial Policy*, Washington: American Enterprise Institute for Public Policy Research, 1986, pp. 245~269.

_____, "Diseconomies of Scale and Development," *The Cato Journal*, Spring/Summer 1987a, 7:1, pp. 77~97.

_____, "Economic Nationalism and Economic Progress, the Harry Johnson Memorial Lecture," *The World Economy*, September 1987b, 10:3, pp. 241~264.

_____, "The Irish Idea," IRIS, University of Maryland, 1990.

_____, "Transactions Costs and the Coase Theorem: Is This Most Efficient of All Possible Worlds?," Working Paper, 1995.

Rubinson, Richard, "Dependency, Government Revenue and Economic Growth, 1955-1970," *Studies in Comparative Institutional Development*, Summer 1977, 12(2), pp. 3~28.

Sandler, Todd, *Collective Action*, Ann Arbor: University of Michigan Press, 1992.

Stigler, George J., "The Theory of Economic Regulation," *Bell Journal of Economics and Management Science*, Spring 1971, 2, pp. 3~21.

_____, "Law or Economics?," *Journal of Law and Economics*, October 1992, 35:2, pp. 455~468.

Thompson, Earl and Roger Faith, "A Pure Theory of Strategic Behavior and Social Institutions," *American Economic Review*, June 1981, 71:3, pp. 366~380.

United Nations, *Demographic Yearbook*, New York: United Nations, 1986.

Wittman, Donald, "Why Democracies Produce Efficient Results," *Journal of Political Economy*, December 1989, 97:6, pp. 1395~1424.

_____, *The Myth of Democratic Failure: Why Political Institutions are Efficient*, Chicago: University of Chicago Press, 1995.

찾아보기